给青春期
男孩的100个引导

翟晓斐 李大维◎编著

华中科技大学出版社
http://www.hustp.com
中国·武汉

图书在版编目（CIP）数据

给青春期男孩的100个引导/翟晓斐，李大维编著. --武汉：华中科技大学出版社，2014.9(2022.11重印)

ISBN 978-7-5680-0089-5

Ⅰ.①给… Ⅱ.①翟…②李… Ⅲ.①男性-青春期-健康教育 Ⅳ.①G479

中国版本图书馆CIP数据核字(2014)第100165号

给青春期男孩的100个引导 Gei Qingchunqi Nanhai De 100ge Yindao	翟晓斐　李大维　编著

责任编辑：曹　霞
封面设计：末末美书
责任校对：刘晚成
责任监印：朱　玢

出版发行：华中科技大学出版社（中国·武汉）　　电话：(027) 81321913
　　　　　武汉市东湖新技术开发区华工科技园　　　邮编：430223

印　　刷：天津中印联印务有限公司
开　　本：710mm×1000mm　1/16
印　　张：17
字　　数：244千
版　　次：2014年9月第1版第1次印刷　2022年11月第1版第3次印刷
定　　价：42.00元

本书若有印装质量问题，请向出版社营销中心调换
全国免费服务热线：400-6679-118　　竭诚为您服务
版权所有　侵权必究

青春，是人生中弥足珍贵的一段美丽年华。它像宝石一样绚丽，如鲜花一样娇嫩，同时也会遭遇阴霾雨雪，甚至狂风扬沙。进入青春期的男孩，告别了无忧无虑、天真烂漫的童年时代，身体变高变壮了，也有了自己的思想……不过，他们的生理发育和心理成长往往不是同步的。

这一时期的男孩独立意识明显增强，不认为自己没有长大，不愿意听从父母的"命令"，不肯吐露心事；他们渴望获得外界的认可、尊重和赞赏。对此，很多父母开始感到迷惘：父母和孩子之间的距离似乎越来越远，交流也越来越少；孩子对父母的叮嘱则越来越不耐烦，甚至开始顶撞父母；孩子对学习开始厌烦，甚至逃课；背着父母抽烟、喝酒，胡乱交友……面对男孩的这些变化，父母既不能放任自流，又不能控制过严，因而总显得有些力不从心。

其实，引导青春期的男孩，要针对这个时期他们的心理特点，做到对症下药。父母应该学习并掌握有关青春期教育的知识，有的放矢地对男孩进行引导，才能帮助他们健康、愉快地度过青春期。

总体而言，青春期男孩的身心发育表现出以下几个特点：

身体迅速发育

男孩步入青春期后,身体的变化最为明显:他们进入了变声期,身高增长迅速,喉结开始突出,有了性的冲动……面对身体的种种变化,很多男孩既想了解清楚,却又羞于开口。

对此,父母应及时告诉男孩青春期的身体发育常识,特别是性知识。在这个问题上,父亲应扮演重要角色,通过多种方式为男孩答疑解惑,使其自然地接受身体上的变化,从容面对青春期的到来。

心理开始"断乳"

告别童年走向成人的过渡期,正是男孩心理"断乳"的关键时期,男孩的情绪经常会表现出不稳定、矛盾的状态,诸多心理问题开始显现:时而开朗热情,时而郁郁寡欢;自闭寂寞,不愿意和外界交流;自卑多疑,过度保护自己;过分焦虑,学习成绩每况愈下……

对此,父母要了解青春期男孩的心理特点,有针对性地对男孩的情感成长进行引导,帮助男孩疏导心结、排解苦闷,使其快乐、健康地成长。

学习能力达到最佳状态

有人把青春期视为男孩学习能力的爆发期。这一时期男孩的注意力、记忆力都达到了最好的状态,逻辑思维能力也日趋成熟。此时,父母不要一味追求成绩,给男孩过大的压力,而应适当帮助他减压,让他以轻松自然的心态培养对学习的兴趣,提高学习效率。

个性、品格、习惯开始形成

青春期男孩的意志、个性、能力、品质等人格因素,在与外界的接触和交流过程中得到了发展,开始形成自己的思维方式,一些生活和思想习惯也逐渐形成。

父母在这一时期既不能对男孩进行强制性的要求,也不能放任不管,应学会在爱与管中寻找教育的平衡点。一旦发现问题,要及时采取措施予以解决。

西方心理学家把青春期视为个体发展的"危险期",这一时期既是性格塑造的黄金时期,也是不良品质极易形成的危险阶段。父母在积极引导和教育男孩的同时,要理解和包容他的过失,尊重和支持他的独立,给予他多一些信任,帮助他安然度过人生的"危险期"。

本书从青春期男孩的身心发育特点出发，有针对性地对这一时期男孩的生理发育、心理特征、性格养成、情感引导、学习培养、价值观塑造等方面进行详细的介绍，并辅以生动、鲜活的案例，告诉父母如何引导并帮助男孩走出青春期的困惑和迷茫，搭建起亲子沟通的桥梁，从而更好地陪伴和呵护男孩，让他们健康、快乐地成长。

目 录
CONTENTS

第一章 英姿勃发，小男子汉的蜕变
　　——**接收青春期的身体信号**

"我走进青春期了吗?"——进入青春期的标志 / 002

"我的身体怎么变化这么大?"——青春期的信号 / 005

"我长胡子了。"——小男子汉的胡须 / 007

"我长喉结了。"——声带随之发生变化 / 009

"我的小 JJ 怎么起来了?"——晨勃的尴尬 / 011

"我是生病了吗?"——遗精悄悄光临 / 013

"我喜欢摆弄小 JJ。"——自慰不是洪水猛兽 / 015

"我比妈妈高了!"——身高突飞猛进 / 017

"我是大力士!"——开始变得强壮 / 019

第二章 叛逆不驯，必经的成长之路
　　——**青春期男孩特有的叛逆**

"我连自由都没有了。"——开始主张有自己的"王国" / 022

"我有说话的权利。"——争辩的频率越来越高 / 025

"我的优点你们看不到吗?"——渴望被尊重和认同 / 027

"我控制不了自己。"——冲动是魔鬼 / 030

"我偏要这么做!"——叛逆是青春期男孩的专利 / 033

"谁也比不上我!"——自负无益 / 036

"你们怎么那样看我?"——敏感的神经 / 038

"我时而开心,时而郁闷。"——情绪起伏不定 / 041

"这样做才有个性!"——非主流的心态在作祟 / 043

"我还是个孩子!"——幼稚的自我 / 046

"我这么晚回是帮同学补课了。"——说谎是为了逃避惩罚 / 049

"我想逃离这个家!"——盲目追求所谓的自由 / 051

"抽烟、喝酒都是纯爷们做的事!"——从小就有大男子主义倾向 / 054

第三章 阴晴不定,男孩也有自己的心事
——走进青春期男孩的内心世界

"我憎恨周围的一切!"——敌视只会让自己更痛苦 / 058

"我想打他!"——做自己情绪的主人 / 061

"快乐都是暂时的。"——走出悲观的阴影 / 063

"我比不上他们。"——挣脱自卑的樊篱 / 065

"我承受的压力太大了!"——为心灵减负 / 068

"我不敢,我害怕!"——怯懦的心 / 071

"我实在是左右为难。"——优柔寡断只会错失良机 / 074

"我不想说话!"——摆脱孤僻自闭 / 077

"他怎么总能吸引人们的目光?"——远离嫉妒 / 079

"我要以牙还牙！"——最高贵的报复是宽容 / 082

第四章 情窦初开，少年维特之烦恼
——做好爱情萌芽期的引导

"她长得真漂亮！"——对异性开始产生好感 / 086

"她的曲线好迷人。"——开始关注异性的身体 / 089

"我好像喜欢上她了！"——挥之不去的单相思 / 091

"我和她关系很好！"——善待青春期的朦胧情感 / 094

"音乐老师真好！"——崇拜不等于爱 / 096

"我很想保护她！"——小男子汉的英雄情结 / 098

"她说对我没有感觉了！"——失恋的痛苦 / 100

"我们能见面吗？"——迷上网中情 / 102

"我觉得那样很美妙。"——不由自主的性幻想 / 105

"这些图片真带劲！"——远离色情暴力 / 107

"我想吻她。"——渴望发生性行为 / 109

"我们彼此相爱。"——懵懂爱情的"堵"与"疏" / 111

第五章 友情岁月，广交善择觅知音
——做好青春期男孩交友的正确引导

"我是替哥们出气！"——江湖义气害人害己 / 114

"他经常带我去网吧。"——玩伴不等于伙伴 / 117

"他总打我。"——青春里不该有的伤 / 120

"他教我吸烟、赌博。"——远离恶友 / 122

"他总让我请他吃东西。"——金钱不是衡量友谊的标准 / 125

"我讨厌他,他总比我强。"——学会欣赏同伴的优点 / 128

"我和他打过架。"——不计前嫌,让友谊更长久 / 131

"他居然那样猜忌我!"——用心沟通化误解 / 133

"他竟然骂我。"——真正的友谊不能斤斤计较 / 136

"我做了一件让他生气的事。"——主动表达歉意是真诚的表现 / 139

"我不想帮他。"——互助是友谊的土壤 / 141

"团结力量大。"——讲团结,会合作 / 143

第六章 大爱无言,感恩天下父母心
——亲情是无价之宝

"我已经长大了!"——我的青春我做主 / 146

"我讨厌你们的唠叨!"——"青春期"碰上"更年期" / 148

"你们不要再偷看我的日记!"——隐私领地不容侵犯 / 151

"我自己能做好!"——过于自信就会滋长骄傲 / 154

"衣服换完了,你们给我洗了。"——会做家务的孩子更自立 / 157

"你能不能不管我?"——"管什么"和"怎么管" / 160

"我不想说!"——隔阂的墙到底有多高 / 163

"我也要买名牌鞋!"——适合自己的才是最好的 / 166

"我们班某某的爸爸是老板!"——父爱不分贵贱 / 169

"你们离婚吧!"——伤害往往来自于态度 / 171

"爸爸妈妈,我爱你们!"——爱要表达出来 / 173

"我下次一定改正!"——主动认错是勇敢的表现 / 175

第七章　学海无涯，奋斗的青春最美丽
——行舟之旅并非一帆风顺

"我讨厌学习！"——激发对学习的兴趣 / 178

"我想看会儿电视。"——自控力决定未来 / 181

"我记不住东西。"——记忆力也需要不断训练 / 184

"我对数学没有兴趣。"——多管齐下，补上孩子的"短板" / 187

"我就是不如别人。"——自卑是自信的绊脚石 / 190

"我的进步好慢。"——成功不可能一蹴而就 / 193

"我经常熬夜。"——科学作息有助于提高学习效率 / 196

"我没有头绪。"——提前计划效率高 / 198

"这么简单的题还错了！"——不要让粗心成为习惯 / 200

"我做不下去了。"——成功总在坚持之后 / 203

"我一进考场，脑子就空了。"——克服怯场的弱点 / 205

"我突然对学习失去兴趣了！"——正视阶段性厌学 / 208

第八章　勇于担当，青春需要正能量
——给青春期男孩的价值观引导

"我也想文身！"——标新立异要有度 / 212

"偷东西怎么了?"——勿以恶小而为之 / 214

"我对异性不感兴趣。"——异性疏远期是同性友谊发展关键期 / 217

"我不习惯分享。"——自私的人生是孤独的 / 220

"我该如何面对失败?"——挫折是成功的必经之路 / 222

"我的妈妈是老板。"——虚荣心是个泡沫 / 224

"我在为谁努力?"——人生是自己的 / 227

"我的理想是……"——有梦想的人生才完整 / 229

"钱是万能的吗?"——树立孩子一生的金钱观 / 231

"我怎么做是正确的?"——是非观是约束行为的尺子 / 233

"我落选班长了。"——理智地看待得失 / 235

第九章 坚守信念,放飞青春的梦想
——给青春期男孩的人生观引导

"我的一切是谁给的?"——用感恩的心看世界 / 238

"我帮助了他。"——奉献永远比索取快乐 / 241

"他是我的死对头!"——对手让我们更强大 / 243

"这不是我的责任。"——敢作敢当才是真正的男子汉 / 245

"我这么做合适吗?"——懂得自我反省才能不断进步 / 248

"我觉得我只适合听别人的。"——可以平凡但不能平庸 / 250

"谁都比不上我!"——谦虚的人可以走得更远 / 252

"我觉得他好可怜。"——同情心是善良的基石 / 254

"我可以战胜困难。"——乐观的心态是宝贵的财富 / 257

第一章
英姿勃发，小男子汉的蜕变
——接收青春期的身体信号

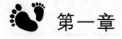

原本处于无忧无虑童年的男孩，也许从某天开始就会惊异地发现自己身体的变化，那是一种奇妙而又难言的变化：声音突然开始变粗了，身体线条越来越粗犷，就连私密处也发生了令人难以启齿的变化……青春期男孩也许会因此而害怕不安，但又不好意思向父母述说求助，只能在心中忐忑不安地揣测：我这到底是怎么了？面对这个略显尴尬的问题，父母应如何解答，同时又避免触及孩子敏感的自尊呢？

"我走进青春期了吗?"——进入青春期的标志

原本天真无邪、无忧无虑的男孩,可能会在某一天突然发现自己的身体出现了微妙而又巨大的变化。这是一种令他羞于启齿的"秘密变化"。比如,原本干净嫩白的嘴边冒出了些许青葱的胡须,原本稚嫩好听的童音突然变得粗犷沙哑起来,脖子发音的地方还长出了一个"大疙瘩",身体的毛发开始生长浓密,包括腋下、私处,最无法为外人道的是随着性腺的发育成熟,出现了遗精的现象……这些变化日益明显,使得原本无忧无虑的男孩陷入烦恼之中,变得焦虑、恐慌甚至自卑。

这些变化对于"过来人"——父母来说,是再正常不过的现象。但对于正在经历这种"巨变"的男孩则是一件大事,小则扰乱心情,大则可能引起性格的不良发展。因此,消除男孩心中的疑虑,使他对这件事有一个健康、全面的认识,是十分必要的。

首先,父母要了解青春期的变化到底有哪些,以及男孩对这些变化的感受,在不伤害男孩自尊的前提下告诉他这些变化的合理性,而不是只凭自己的经验,给出一个模糊的答案,结果导致男孩对这个问题更加忌讳或因此感到自卑。

青春期,又称青少年期,是儿童期至成年期的过渡时期。青春期是人体生长发育的第二个高峰期(第一个是婴儿期),各个组织器官都由稚嫩走向成熟。在心理上,其世界观、人生观和价值观也会逐步形成。

对于男孩来说,青春期的开始时间一般在 10~14 岁。青春期开始的标志，就是第二性征的出现，如喉结突出、声音粗哑、阴毛、腋毛、胡须生长，身高也会快速增长，身体更结实、更有力量，逐渐显现出一个成熟男人的样子。

青春期男孩的总体特征是越发成熟和强壮，如果能正确认识自己的生理发育特征，其精神状态就会愈发积极向上，心理也会趋向健康而阳光。反之则认为自己是有缺陷的、病态的，精神和心理都会受到消极影响。

杜杜今年12岁，这一年，他的身体明显开始从稚嫩的小男孩向小男子汉转变。但杜杜的父母并没有及时与杜杜沟通，他们认为杜杜自己没有问，那就说明没有问题。其实，杜杜心里既害怕又自卑，很怕别人盯着自己的身体看，更怕别人谈论自己的外貌。春节的时候，亲朋好友聚在一起，大家纷纷夸杜杜长高了，有人还开玩笑说："杜杜成男人了，快能娶老婆了！"没想到杜杜听了这些话，气得涨红了脸，竟然摔门而去。这时，父母才知道杜杜不是对自己的身体变化不在意，而是在意过头了……

针对男孩青春期的变化，父母一定要及时解释和沟通，让孩子安心。当然，这样的"性教育"一定要是严肃认真的，不能有轻蔑的意味，要让孩子明白这是很正常的生理现象，无需为此担忧。比如，父亲可以拉着孩子的手，对他说："我明白你正在经历的变化，正如我当年经历的一样。这是每个男人的必经阶段，是我们积聚力量的阶段。只有经过这种变化，我们才能成长为一个成熟的男人。当你经历这些的时候，你应该庆幸自己将成长为更有力量、更成熟的男人！"

对于某些性教育方面的细节，如果父母实在难以启齿，可以给孩子购买一些专业的青春期读物，然后寻找合适的机会和孩子沟通阅读感受，引导孩子积极面对青春期的变化。

家长课堂

关于青春期教育这件事,孩子是主体,但父母一定要成为主导,用心去了解和体会孩子的内心感受,加以正确引导,保证其心灵在正确的轨道上前进。即使父母觉得难以开口,也要寻求其他正确的途径给孩子上一堂重要的"性教育"课。

"我的身体怎么变化这么大?"——青春期的信号

青春期来临时,伴随着一系列的生理变化,男孩的内心也会产生巨大的变化。基于身体的改变,男孩除了会感觉到羞愧、惊慌、尴尬之外,还会开始对异性产生好感,喜欢关注异性,甚至幻想自己与异性的亲密动作,有时还会出现身体上的反应。大部分男孩一方面按捺不住自己的感觉,另一方面又为此羞愧不已,觉得自己"变坏了"。这时,父母如果不能及时引导,孩子就有可能产生过多的负面心理,影响健全性格的形成。

在孩子刚开始出现青春期特征,或者即将踏入青春期之前,父母就要不时地给孩子普及一些相关知识。孩子有了心理准备,恐慌、自卑和焦虑就会减少。

一般来说,男孩青春期启动的第一个体征是睾丸和阴囊增大,一般会出现在10岁左右。随后,阴毛生长是第二性征的前奏。接着,阴茎增长、变粗,身体迅速长高,肌肉发达,胡须和腋毛长出,声音变得低沉;同时,前列腺和精囊腺增大并开始分泌液体,精子逐渐生成。通常第一次遗精会发生在13~15岁。

以上是青春期最主要的信号,如果父母能够让孩子充分地了解这些知识,在青春期来临的时候,孩子就会有一个清晰的自我判断,而无需为这些"奇怪"的现象感到害怕和无所适从。

小杰10岁生日那天,爸爸和他进行了一场"男人之间"的谈话。这次谈话，使小杰了解了成长为男子汉的一些必经之路，在心理上做好了度过青春期的准备。

果然，两个月之后，小杰感觉到了自己身体上的变化，就像爸爸说的那样。他庆幸自己提前得到了"通知"，否则一定会被这些变化吓一大跳。

又过了半年，小杰身上其他的青春期特征也一一显现了。他很想跟爸爸再来一次沟通，但他又有些羞于开口，于是给爸爸写了一封邮件："爸爸，今年生日时你告诉我的那些'小秘密'，现在一一在我身上出现了。我现在很清楚地知道，自己进入了青春期。我还知道，等这个阶段过去之后，我就会变成一个和你一样强壮的男人！我很高兴，也很期待那一天！"

小杰的坦然、放心，甚至对青春期来临的欣喜，都源自他对相关知识的及早了解。然而，很多男孩不如小杰幸运，只能靠自己的猜测、别人的议论，甚至从一些不健康的书籍中获得片面的知识。这对他们正确面对青春期是不利的。因此，父母要将普及孩子青春期知识的工作提前做到位，以减少孩子不必要的担忧和自卑，从而轻松地面对青春期。

家长课堂

每个青春期男孩在面对身体变化的时候，心中都会有一个"我的身体为何变化这么大"的疑问。但如此私密的问题，自然不可能像"我能出去踢会球吗"那样大大方方地问出来。结果，越是憋在心中，越容易引发更多的问题。因此，父母的责任就是尽早为孩子普及相关知识，让孩子有能力自行判断。

"我长胡子了。"——小男子汉的胡须

最近，王强发现12岁的儿子浩浩经常把自己关在厕所里，好半天才出来。而且，他的剃须刀也不知被谁用过了。起初王强并没有在意，但有一天，他突然想起自己也是在这个年纪进入青春期，开始长出了青葱的胡子。那时的他，常常以为自己很"脏"、很"恶心"，总是不愿抬头跟别人说话，生怕别人注意到自己黑糊糊的嘴周。"浩浩最近不就是这样吗？"王强觉得自己必须要跟浩浩谈一谈了。

果然，王强跟浩浩聊起青春期的变化之后，浩浩脸上露出了惊讶的表情，同时心里也松了一口气。

在青春期的一系列特征之中，毛发的变化是最为突出的。其中，胡须又是最显而易见的。男孩可能会害怕周围的人（尤其是女孩）觉得自己的脸"脏"。这种自卑的情绪，可能会导致男孩在和别人说话的时候低头、捂嘴，甚至把脸扭向别处，看起来心神不定。有的男孩甚至动手拔掉自己的胡须。那么，父母如何才能让孩子不再介意自己的小胡须呢？

首先，父母要向孩子解释清楚为什么会长胡须。可以这样告诉孩子："进入青春期后，人体内性激素代谢迅速。健康的男性会分泌出较多的雄性激素，这就会使你长出胡须。开始时柔软稀少，以后会逐渐变得粗硬稠密。因此，胡须也可以说是男性健康的象征，大可不必为此担心。另外，

还有很多男人把胡须看作是男性魅力的一部分,很多历史上有魅力、有成就的男人,不也有代表性的胡须吗?比如文学家鲁迅,他的外貌特点之一就是那整齐的胡须……"同时别忘了嘱咐孩子,虽然胡须是健康的,但在上学期间还是要及时刮除,保持干净整洁的学生形象。

如果父母向孩子解释清楚之后,孩子仍然无法释怀,还有一个方法——父亲和孩子一起留胡须。在不影响形象的情况下,父亲可以留起整齐而美观的胡须,并且时刻以此为骄傲,用行动告诉孩子,只要心中有自信,胡须可以为男人增加魅力。相信有了父亲的亲自示范,孩子的厌恶、自卑情绪会逐渐消失,重新树立起自信。

> 王女士突然发现,进入青春期的儿子总是一副"垂头丧气"的样子。她观察了很久,才明白儿子可能是在为自己开始茂密的胡须烦恼。于是,她立刻做了两件事:第一,到超市给儿子购买了一把优质的剃须刀;第二,买了几幅有胡须的男明星海报,贴在儿子卧室的门和墙上。她用这样的方式告诉儿子:影响外貌的不是胡须,而是自信。没过多久,她发现那个爱仰头大笑的儿子又回来了。

青春期男孩的心理比较脆弱,对形象要求甚高,有时一个小小的胡须,就有可能打击孩子的自信。所以,父母要关注孩子的个人情况,及时把问题扼杀在萌芽期。

家长课堂

青春期孩子对待胡须的态度,直接影响到孩子的生理和心理健康。孩子长了胡须以后,父母应该教会他采用科学合理的方法来剃须。

"我长喉结了。"——声带随之发生变化

小野原本是一个很喜欢和别人沟通交流的男孩，但最近几个月，他突然变得不爱说话了。妈妈留心观察了一段时间，发现原来是小野稚嫩的童声变得粗哑起来了。她还发现，小野现在很喜欢穿高领的毛衣，以便遮住变大的喉结。妈妈心底暗笑：儿子长大了，开始不好意思了。不过，她转念又想，这是很正常的生理现象，儿子如此遮掩，是不是过度反应了？

进入青春期后，男孩的喉结开始发育，变得更为突起。从外表上看，就好像咽喉处长出了一个"大疙瘩"。

出现这种现象，是由于男性雄性激素的分泌增加，两侧甲状软骨板的前角上端迅速增大，并向前突出形成喉结。同时喉腔也明显增大，几乎是新生儿的6倍。这使男孩原先清脆的童声变成低沉而粗壮的成人声音。男孩到十几岁时喉结突出，是生理健康的表现，完全没有必要因此而感到不自在。

妈妈发现木木最近的行为变得有点奇怪，明明已经到了五月份，他还穿着高领毛衣，而且变得沉默寡言。以前他总喜欢和爸爸谈论历史，现在却总是捧着一本历史书自己看。

妈妈把这些事联系到一起，立刻明白了：木木对于自己长喉

结和变声这两件事感到不好意思了。于是，妈妈让爸爸给木木写了这样一张纸条：

亲爱的儿子，恭喜你，你长大了！你的声音将不再是尖细的童音，而是浑厚的男人的声音；你喉咙处的那个'结'，也是你成熟的一个表现。千万不要为此感到羞涩或尴尬，你应该骄傲地向周围人展示自己的变化。你喜爱历史，回想一下，你看过的历史剧中，哪个英雄的扮演者不是声音浑厚、嗓门洪亮呢？再看那么多帅气的男明星，他们的喉结也是男性的魅力所在。不要为此而害羞了。欢迎你加入到成年男性的队伍！我也很高兴，因为将来能和你分享更多的事情了！

——爱你的爸爸

看完这张纸条，木木还是羞涩了几天，但他开始努力适应自己的变化。一周之后，他的精神状态就和前几个月大不相同了，又恢复了以往那种自信、快乐的状态。

由于对人体生理了解比较少，声音的突变、喉结变大会使男孩既害怕又尴尬，甚至感到自卑。因此，父母在发现孩子开始变声之后，就要将喉结的相关知识告诉孩子，以免他为此过分担忧。

家长课堂

男孩到了一定阶段，生理开始发生变化，他们对此会异常敏感，感到害羞也是很正常的。父母千万不要认为"孩子长大了自然就明白了"，而不去教育引导。要知道，孩子青春期的心理感受，是可能影响他一生的。

"我的小JJ怎么起来了？"——晨勃的尴尬

早上，妈妈已经做好了早饭，见阳阳还没从房间里出来，便打算再进去叫他一次。谁知她刚走进去，就发现阳阳坐在床边，用被子盖着下身，神情非常慌张。妈妈问他怎么还不出来吃饭，阳阳支支吾吾地说："我马上就来，您先出去吧。"妈妈有些不解，从阳阳的房间走出来之后，她才恍然大悟：阳阳长大了，一定是经历了晨勃，被吓坏了。

晨勃指男性在清晨4~7点，阴茎在无意识状态下自然勃起，不受情景、动作、思维的控制。晨勃是性功能正常及强弱的重要表现和指标。正常男子的阴茎，除了在性刺激和某种外界刺激下会勃起外，通常处于松弛状态。但是，有时内脏器官的反射作用也会导致阴茎勃起。最明显的是早晨清醒前时常会出现阴茎勃起，医学上称之为清晨勃起（简称晨勃）。

步入青春期的男孩，会在某天清晨迎来自己的第一次晨勃。这时，对生理不甚了解的他们，会被自己下体的变化吓一跳，首先想到的可能是自己变得不再单纯、出现了"污点"，或者怀疑自己得了什么怪病。

这些不正确的认识对孩子是有害的。父母在发现相应情况后，应及时将这些知识告知孩子，消除其思想上的顾虑。

李镇最近一直有这样的心理困惑："我老觉得自己有病，而且难以启齿。有时早上醒来,我虽然没有什么'歪念头',但我的下体就会勃起,这实在是太尴尬、太羞愧了,其他正常的同学一定不会有我这样的经历。"

由于心中忧虑,他的精神自然受到了影响。细心的妈妈发现后,便让爸爸出面跟他聊了一次,同时到书店给他选购了两本简单易懂的青春期性教育读物。

一段时间后,李镇虽然没有明确表达,但看得出来,那个在他心里埋藏已久的阴影已经逐渐消散了。

青春期男孩的内心还有一部分停留在童年时的单纯,当他们经历如此"成年化"的改变之后,内心自然十分惶恐。父母可以在不使孩子过于尴尬的情况下,委婉地让孩子了解晨勃是男性的一种正常生理反应,不必为此而担忧。

同时要注意,有的孩子在了解相关知识之后,会过分关注自己的晨勃问题。一旦早晨勃起现象暂停,就会怀疑自己的生殖系统不健康,心理上的不安会导致生理上的不健全,而生理方面的问题又会诱发心理上的问题,如此往复,造成恶性循环。所以,父母应让孩子明白,晨勃跟很多因素都有关系,比如饮食、睡眠、学习压力等。如果哪天早上醒来的情况和其他时候不一样,也不用过于忧虑,顺其自然就好。

有些父母认为和孩子讨论晨勃的问题太尴尬了,但要知道,今天因为尴尬避而不谈的问题,明天有可能成为孩子心理上的一块阴影。为了孩子的生理和心理健康,父母一定要把青春期性教育做到位。

"我是生病了吗？"——遗精悄悄光临

小杰是一个刚步入青春期的男孩，一天清晨起床的时候，他惊异地发现自己"尿床"了。十几岁了还像婴儿一样"尿床"，这可把小杰吓坏了，以为自己得了什么怪病。

其实，如果男孩查阅相关资料，或者向父母请教的话，就会正确地认识到，这不是"尿床"，而是青春期男孩的一种特征——遗精。

遗精中的"精"指的是"精液"。精子产生于睾丸之中，在附睾内成熟，通过输精管道输出。睾丸是男性最重要的内生殖器官，呈卵圆形，有一对，存在于男性的阴囊中。睾丸的主要功能就是产生精子和分泌雄性激素。睾丸一般在12岁左右开始增长。青春期最重要的特征之一，就是睾丸快速发育，容积增大，其结构与功能也会发生相应的变化。正常精液是一种黏稠的液体混合物，其中精子占5%左右，其余为精浆。精液在体内贮存一定的时间和数量后，如果未被体内吸收，就会排出体外，这个过程就叫做"遗精"。第一次出现遗精叫"首次遗精"。据调查显示，首次遗精通常发生在13~15岁，最早的出现在11~12岁。首次遗精后，每隔十天半月便会再次遗精，这些都是正常的生理现象。

在对孩子进行"性教育"时，这一点是必须要让孩子了解的。如果父母自己都觉得难以启齿，或者抱着"孩子长大了就懂了"的侥幸心理避开这一重要环节，孩子就会在遗精来临的时候心生恐慌，羞于开口，将害怕压抑在心底,导致心理和生理双重受挫。

另外,即使他们了解到"真相",接受起来也有一定的难度。孩子在这个懵懂的年纪,大多数会将"性"方面的东西等同于"坏""流氓",甚至怀疑自己的品行。

孙毅今年刚上初一,进入新校园的新鲜劲还没有过去,他便发现自己的身体有了一些可怕的变化。有几天早上醒来,他吃惊地发现自己的下体湿了。他羞愧难当,既对自己的"下流"感到懊恼,又害怕会一直这样下去。但他越是害怕,那种好奇和冲动就越明显,他不敢找别人倾诉,更不敢向父母求助,竟然开始泡在网上,浏览一些黄色网站。再后来,他开始和一些社会上的不良青年混在一起。当父母发现他的不良行为时,他已经陷入太深了……

发生在孙毅身上的事情并非偶然,很多男孩在青春期都有可能因缺乏正确引导而误入"歧途"。这时,父母的作用是很关键的。除了要给孩子普及相关知识,父母还要让孩子知道这些现象是很正常的,并不代表他生理或心理上的任何病态。父母尤其要忌讳对孩子的问题表示嘲笑或者不屑,这会让孩子更加自卑、压抑自己,长期下去,后果不堪设想。

家长课堂

很多父母认为性教育难以启齿,其实父母可以换一个角度——让孩子清晰地了解自己的身体是很有必要,也很有趣的。这样孩子对自己身体的认识才会是健康的。避而不谈,是眼界狭隘和思想闭塞的表现。

"我喜欢摆弄小JJ。"——自慰不是洪水猛兽

妈妈在给威威收拾房间的时候，发现地上扔了一些用过的卫生纸，还有些湿湿的。妈妈一阵纳闷，"威威没有感冒，也没有鼻炎，并且没有吐痰的习惯。那这些纸是……坏了！"妈妈突然想到了什么，"看来威威是开始自慰了。"妈妈想了想，没有把那些纸扫出去，而是留在了原地。晚上，妈妈让爸爸去问威威那些纸是怎么回事，威威回答得很含糊，还有点慌张。这下爸爸妈妈心里都明白了，威威的确开始做那件非常"私密"的事情了。

每一对养育儿子的父母，都会在孩子进入青春期后经历同样的事情。对此，父母不要过于惊慌，这是青春期男孩正常的表现。

男孩到了青春期，每月有一两次遗精是正常的现象。大部分人是在梦中遗精，但也有人是在清醒状态下遗精，第一次遗精时会产生一种快感和新奇感，以后就可能不断手搓阴茎来自慰。

另一个导致男孩自慰的原因，是青春期男孩会对异性产生好奇和探索的心理，他们可能会幻想自己和女孩发生亲密行为，或者在观看亲密镜头时产生性冲动。这些情况都有可能导致男孩自慰。

对于一个健康的青春期男孩来说，偶尔自慰对身体健康是没有影响的，也不需要禁止。很多家长看到孩子接触"性"方面的东西就如临大敌，想方设法要让孩子知道那是错的、有害的。实际上，性欲和食欲一

样，都是人的本性。如果孩子没有过度自慰，父母大可不必畏之如虎，更不用慌张地去制止。

当然，如果孩子深陷其中无法自拔，也会产生一系列负面影响，比如消瘦、失眠、怕光、多疑、腰背酸痛和注意力不集中等。这不仅影响孩子的生理健康，而且会对其心理产生不良影响。这时，父母就要帮助孩子从过度自慰的泥沼中脱离出来。

海涛的妈妈发现海涛最近有一些异样，总把自己锁在房间里，不让别人进来，有时敲门找他说话，他还要磨蹭半天。妈妈明白，男孩到了这个年纪多少会有自己的"秘密"。令她不安的是，海涛的"私密时间"似乎有点频繁，平时精神也有些萎靡，经常一副心不在焉的样子。妈妈有些担心，便建议他和同学多出去打打球，参加一些户外活动。周末的时候，妈妈也总借口自己要买的东西太多提不动，让海涛跟自己一起去超市。事实证明，经常到户外活动，转移注意力，对于青春期男孩很有必要。没过多久，那个阳光而又充满活力的海涛就又回来了。

所以，父母要鼓励青春期男孩多到户外去参加集体活动，同时帮助男孩树立对自慰的正确态度，以消除他对自慰存在的负面认识及其造成的心理压力。

即使父母无法接受孩子的自慰行为，也千万不要指责孩子，否则孩子可能会因此更加否定自己。正确的做法是鼓励他多运动、多交朋友，引导他从过度自慰的泥沼中走出来。

"我比妈妈高了！"——身高突飞猛进

周女士家里有一面墙，专门用来为儿子量身高。这两年，儿子的身高突飞猛进，经常一回到家就站到墙面前，用手比划着自己的头顶，看看自己比上次高了多少。有时，他还会开玩笑地说："妈妈，我都快比你高了！你要加油了！"看着儿子身体的变化，还有他那兴高采烈的样子，周女士也为儿子即将长大成人而欣喜万分。

进入青春期后，在神经内分泌的调节下，男孩进入了人体生长发育的第二个高峰期（第一个高峰期在婴儿期）。整个青春期，男孩大概会增高25~30厘米。

男孩进入青春期之后，父母要注意观察他的身高变化，同时也要兼顾他的身体围度和体重的变化，全面均衡的身体发育才是健康的。

关于男孩青春期的身高发育，父母需要了解以下几点：

第一，青春期男孩的身高发育有很大的个体差异，最直接的表现就是，长个子有早有晚。早发育型的特点是发育早、速度快、时间集中。晚发育型的特点是发育晚、速度慢、发育时间长。父母不必过于担忧，也不要给孩子过多压力。

第二，身高和许多因素有关，不要让青春期男孩陷入"遗传决定身高"的困扰之中，尤其在父母长辈身高都不高的情况下，顺其自然即可。

第三，青春期男孩一定要合理膳食，有健康的饮食习惯，充足睡眠，适当运动，对身高大有裨益。

另外，切莫"拔苗助长"。不要听信广告给青春期男孩吃一些所谓的营养品或药物，这些食品中往往含有大量激素，对身体健康有害。

让孩子长得更高一些是父母的心愿，但一定要注意采取正确合理的方法。父母可以多带孩子参加体育锻炼，如打篮球、跑步等都对长高有好处。不科学的方法应该尽量避免使用。

"我是大力士！"——开始变得强壮

男孩进入青春期后，从外形上看，最明显的变化除了长高之外，就是开始变得强壮起来。这时的男孩肌肉变得发达，胸背变宽，肩宽于髋，骨骼变得粗大，越来越接近成年男子的外形。

青春期变强壮是令人开心的一件事，因为它使男孩看起来越来越像阳刚的成熟男子。不过，还有一个令他们感到"丢脸"的是乳房的变化。步入青春期的男孩，会发现自己的乳房在增大，这时他们往往以为自己变得"女性化"了，并为此而焦虑。实际上，这是胸部周围肌肉和脂肪的发育造成的，是很正常的现象，通常过段时间就会消失。

很多处于青春期发育中的男孩，通常都渴望长成强壮的男子汉，这时营养的摄入就十分关键了。父母要抓住这个时机，从饮食上给予孩子足够的能量供给。当然，饮食供给也不应过度，否则会导致营养过剩，产生肥胖问题。对于青春期很注重形象的孩子来说，肥胖并不受欢迎。

很多青春期男孩为了让自己多长点肌肉，常常在健身房里长时间运动，以使自己看起来更强壮一些。

16岁的英国男孩里斯，每周要上6次健身房，以练出更好的身材。他并不是特例，在英国，拥有同样愿望的男孩正在增加。在《男性健身》杂志发起的一项问卷调查中，有87%的年轻男孩想成为"肌肉男"。

不过，这样运动真的健康吗？对一些男孩来说，训练过于频繁（每周超过4次）或强度过大（时间很长或非常紧张），有可能导致健康问题。因为这一时期男孩的骨骼和韧带都处于生长阶段，若过量运动，可能会损伤骨骼和韧带的连接处，医学上称之为软骨炎，一旦发生在膝、脚和背等处，是非常疼痛的。

过度训练也有可能导致脱水的问题。另外，男孩在运动时还要注意控制好强度，因为消耗过量会导致很多长期的健康问题。还有一些男孩喝太多蛋白质饮料而不吃有营养的食物，这是没有好处的。

青春期是男孩成长的第二个高峰期，在这段时间里，男孩大脑的思维越来越活跃，身体的骨骼迅速生长，肌肉变得发达。无论从生理还是心理上，父母都要正确引导孩子。

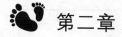

第二章
叛逆不驯，必经的成长之路
——青春期男孩特有的叛逆

青春期悄然来临，发生巨变的除了男孩的身体，还有其心理和性情。近年来，教育专家呼吁家长关注"男孩危机"。所谓"男孩危机"，是指男孩在步入青春期的时候，由于激素分泌水平急速上升，情绪也会跟着出现剧烈的变化。因此，在10~18岁期间，男孩往往比女孩更叛逆，更容易出现情绪问题。理解和疏导男孩的叛逆情绪，是父母在这一时期要重点对待的教育问题。

"我连自由都没有了。"——开始主张有自己的"王国"

已经是晚上 11 点了,小靳才从外面回来。他一边换鞋,一边看着坐在沙发上焦急等待的父母,问道:"你们怎么还不睡觉?"妈妈走过来接过他的书包,关心地问了一句:"你们不是 8 点就下晚自习吗?怎么这么晚才回来?"小靳一听脸色沉了下来:"没怎么。""没怎么是去哪儿了?这么晚可不安全啊。""我想去哪儿就去哪儿呗!我都这么大人了,还能走丢了?你们必须一天到晚监视我是吗?我还有没有自己的自由了?!"妈妈被小靳这一通喊叫吓了一跳,不敢再问下去了。

某一天父母突然发现,原本听话的小男孩好像变成了一个"焦躁孤僻偏执患者",无论大事小事都宣扬"自由主义",讨厌别人插手自己的事务,就连父母的关心也成了一种干涉其自由的"罪行"。

这是男孩进入青春期必然会出现的一种叛逆现象。主要表现之一,就是极度捍卫自己的"王国"和"主权",对于别人干涉自己异常敏感、排斥。对于企图"踏入"自己"领土"的人,他们会在第一时间情绪激烈地将其赶出去。

自我意识过于强烈,不仅会左右孩子的情绪,还有可能对孩子的性情产生长远的影响。因此,父母应当合理介入孩子的"内政",以免激化矛盾走向极端。

对于"不服管"的男孩,以下两种有效的管理方法可供参考:

方法一，科学引导，合理介入。

乐乐最近迷上了奇装异服，这天早上，他又穿了一件花衬衣、一条紧身裤，还背着一个全是"刺"的穿山甲形状书包，准备去上学。妈妈看了他一眼，用赞赏的语气说："我儿子的审美真是与众不同，穿得既奇特又时尚！"听到妈妈这样说，乐乐得意极了。妈妈继续说："不过，我觉得平时穿到学校去比较可惜，如果学校举行联欢会或者化装舞会，那样的环境和气氛才能衬托这身衣服的艳丽，让人眼前一亮。要是平时总穿，到了特殊场合，效果肯定要大打折扣。"妈妈装作说得很不经意，没有露出半点"控制欲"，乐乐却听得很认真，马上转身回房间换上了校服。

男孩以极端的方式来捍卫自己的权利，往往是因为害怕自己的权利被侵犯。这时，父母越是逆着他、管着他，他反抗的情绪就越是强烈。因此，父母不妨顺着他，让他感觉到父母与他站在同一条战线上，并在此基础上提出关心式的建议。等孩子情绪平静下来，多半会认真考虑父母的提议。

方法二，跟孩子说："这是你的自由。"

"妈，我这周末不去姥姥家了，我周六和同学去打球，周日在家看比赛。"原本说好的事情，萧萧又反悔了。妈妈听了有点生气，但她努力让自己平静下来，说道："可以啊，这是你的自由。不过，姥姥早就想你了呢。如果你决定好了哪个周末去看她，我这次去的时候可以帮你转告她。"萧萧想了想，回答道："这样吧，我周日和您一起去，在姥姥家看球赛。"

青春期男孩并非完全不理性、完全不善解人意，只是更渴望自己的事情自己做主。如果父母能够给他足够的自由和权利，充分地信任和理解他，他就不会将注意力过多地放在争取"主导权"上，反而会反过来为他人考虑，或者从事件本身出发，做出比较理性的选择。

家长课堂

很多家庭在男孩走进青春期的时候变成"战场"，主要原因是孩子不喜欢被约束，而父母偏偏又管得多。这种强硬的教育方式，只会使矛盾更加激化。如果孩子追求自我权利，父母就应适当放手，不要点燃孩子反抗情绪的火苗。记住，控制孩子与帮助成长二者不可兼得。

"我有说话的权利。"——争辩的频率越来越高

吃晚饭的时候，小凡的父母在讨论单位的事情。妈妈说："公司今年效益不好，年终奖金可能会低一些。"爸爸说："最近几年这个行业不景气，少发奖金也算正常。别往心里去了。"这时，一旁的小凡开口了："你们也太能忍气吞声了吧？说好的奖金怎么能少呢？"爸爸接话道："那还能怎么样？等你工作了，就知道不是什么事情都那么顺心的。""你也太老好人了吧？我妈都被欺负成这样了，你还不替我妈出头?!"小凡"噌"地一下站起来，一副怒火中烧的样子，居然将矛头指向爸爸，一顿好好的晚餐顿时变成了一个"小战场"。

男孩到了十几岁，总是喜欢插嘴大人的谈话。这种"嘴上功夫"见长，也是男孩在青春期的一大特征。一方面，随着生理上的巨变，男孩越发觉得自己"高大""重要"，渴望参与到家庭事务的决策之中；而与之相应的另一面，就是男孩渴望自己的建议受到他人的重视，因此和家人争辩的次数也会越来越多。

尽管这是男孩成长的一个标志，但总是以争辩的方式和别人沟通显然是不合适的。父母可以采取一些和缓的方法，让孩子更倾向于用平和的方式和他人交流。

方法一，经常主动征求男孩的意见。

鹏鹏今年14岁了，越来越有大人的样子，还经常和意见不同的人争执不休。妈妈看在眼里，觉得应该改变一下和鹏鹏相处的方式。她开始经常主动询问鹏鹏对于某件事的意见，和他一起探讨，甚至自己工作上的事情，也会时不时拿来和他讨论。慢慢地，鹏鹏不再那么激进了，遇事也能够比较耐心地和他人沟通。

青春期男孩在心理日趋成熟之后，不满足于父母以对待孩子的方式与自己交流，他们急迫地想要"挤"进父母的谈话，从而证明自己。如果父母能够满足孩子这种精神上的需要，那么孩子激进的谈话方式就会大有改善。

方法二，避免"冷"沟通。

青春期孩子经常有很多想法，并且想要倾诉。在孩子说的过程中，父母要耐心倾听，接纳孩子的观点，孩子会很高兴。即使孩子说的不切实际，父母也要耐心分析，而不是评论和说教。这么做既尊重了孩子的话语权，让孩子容易接受，也有利于提高孩子的分析能力。

青春期男孩努力争取"说话"的权利，并不仅仅是为了"说"，更是为了被尊重。因此，父母必须让孩子的每一次谈话"落到实处"，并让他感受到自己的话语确实落在了对方心里，如此才能满足他对于话语权的欲望。

孩子就像一棵渐渐长大的小树，所需的养分会越来越多。对青春期男孩来说，自我价值的体现就是他们最需要的"养分"之一。而参与到父母的讨论之中，受到父母重视，就是他们体现自我价值的一个重要方式。因此，父母一定要理解孩子言行背后的动机，充分尊重孩子的话语权。

"我的优点你们看不到吗?"——渴望被尊重和认同

康康坐在沙发上看电视,爸爸从卧室走出来,对他说:"你看的时间不短了,没事去户外锻炼锻炼,别这么宅,一点也不像阳光少年。"这本是一句半建议半开玩笑的话,但康康的脸色却有点难看了。过了一会儿,妈妈从外面买菜回来,看见康康还在看电视,也唠叨了一句:"康康,你怎么还不去学习?作业还没写吧?这么懒惰可不行。"康康拿起遥控器摔在地上,狠狠地说:"你们都看我不顺眼是吧?我在你们眼里一点优点也没有,全是缺点!"

每个男孩的父母可能都会有这样的体验:原本儿子挺开朗的,平时指出他的缺点或者和他开一个玩笑,他都不会计较。但突然有一个时期,儿子的缺点好像成了家庭谈话的"雷区",一碰他的情绪就会爆炸。

其实,青春期男孩不愿别人提自己的缺点,也是成长过程中的一个阶段性特点。这是因为,男孩在步入青春期的时候,意识到自己也是一个完全独立、非常强壮的个体,因此渴望受到尊重。他们在这段时间会对别人的眼光异常敏感,但凡对方有些微"不尊重"自己,都会被他们放大,并因此气愤不已。

男孩渴望被尊重和认同的心情可以理解,但若因此而变得过于"小气",或者对自己的缺点视而不见,都将对其成长产生不利影响。所以,父母在理解孩子的前提下，也要想办法引导孩子心胸宽广地面对生活，不要动辄怀疑别人不尊重、不认同自己。

方法一，努力发现男孩的优点，并经常表扬他。

苗雷的妈妈很喜欢拿别的孩子和他进行比较。苗雷原本不在意这些，但上了初中之后，他越来越讨厌听见妈妈说这样的话，明知妈妈不是有意贬损自己，他也禁不住和妈妈大声争吵。发生过几次争执之后，妈妈改变了说话方式，不再拿苗雷和别人比较了，反而经常夸奖苗雷："今天回家真准时，一点也没让妈妈操心。""这次的成绩不错，比上次进步了。"果然，母子之间的争吵少了很多，苗雷也不再时常怀疑妈妈是不是"看不起"自己了。

每个孩子都讨厌父母将自己和别人家的孩子比较。当男孩进入青春期后，会更加"痛恨"父母的这种对比，因为他们渴望平等地与他人相处，而不是扮演永远被批评、被贬低的角色。因此，父母与青春期男孩沟通的法宝之一，就是要多看到他的优点，并不吝表扬。

方法二，经常"自嘲"，降低男孩对批判性语言的敏感度。

张先生最近发现儿子很"小肚鸡肠"，或者说叫"讳疾忌医"。只要别人一说他的缺点，或者建议改善什么，他就会立刻摆出一副"你管不着"或者"我才没这缺点"的样子。张先生决定换种方式，开始在家里扮演一个喜欢"自嘲"的角色。面对家务，他会说："我这人就是传说中的'懒精灵'，最不喜欢做家务。这可不是什么优点，我得勤快点。"新闻里播放好人好事的时候，他会说："看看人家，我老是没这善心和耐心，还是多行善好啊！真希望经常有人在我旁边提醒我、批评我！"

久而久之，儿子对别人的建议和批评也没那么反感了，而是更愿意认真倾听和考虑，并加以改正。

父母应该给予孩子足够的尊重，同时也要防止孩子过度自尊，矫枉过正，对自己真实存在的缺点视而不见。

处于青春期的男孩往往很看重自尊，然而，过分自尊也容易发展成自负，给男孩的成长带来不利影响。对此，父母既要懂得维护男孩的尊严，又要帮助男孩学会正确评价自己。

"我控制不了自己。"——冲动是魔鬼

张强的妈妈正在上班,却被张强的老师一个电话叫到了学校。原来,张强因为几句口角,动手打了一个男生。妈妈了解事情的来龙去脉之后,觉得很不可思议:儿子脾气一向挺好的,也不爱惹事,怎么会因为这个小小的争执便动手呢?当她询问张强的时候,他低着头,表现出一副很后悔的样子:"我也不知道怎么了,当时我就是控制不了自己……"

男孩进入青春期后,不仅身体变得又高又壮,连脾气也变大了。

为什么孩子一到青春期,就变成了一个"不定时炸弹"呢?

这是因为,步入青春期的男孩,雄性激素的分泌突然变得旺盛起来,并且会在十五六岁时进入高峰。

这个阶段的男孩虽然在别人眼中"很厉害""不好惹",但实际上,男孩在这段时间也"不好过",因为他们要承受自己无法控制的情绪的剧烈变动,如果不能释放排解,这种压力就会在心中形成一股负面能量。因此,父母要对孩子的行为加以理解,并且想办法帮他缓解压力、改善情绪。

方法一,有事顺着男孩说。

吴女士近日发现儿子像变了一个人似的,经常为一点小事就

和父母"翻脸",好像父母是他的仇人一样。吴女士知道,儿子进入了青春期,如果不想办法改变和他的相处方式,这种状况会越来越严重。于是,吴女士养成了一个说话习惯:无关紧要的事情顺着儿子说;重要的事情先征求儿子的意见;儿子做错的事情,也要先表扬正面效果,再委婉指出负面影响;儿子喜欢的事情,只要可行,就尽全力支持他。

一段时间以后,吴女士发现儿子的脾气缓和多了,家里的战争也少了许多。

青春期的男孩易冲动,有生理因素在作祟,也有一定的外界因素,比如得不到充分的尊重,父母总想控制他,等等。因此,父母首先要做的就是别"点着"孩子怒火,凡事多从孩子的角度出发,从源头上下工夫,这样就能灭掉孩子心头一半的"火"。

方法二,引导男孩管理好自己的情绪。

这天,小谨又因为一件小事对妈妈发了一通火,事后把自己关在房间里不肯出来。爸爸进来和他谈话,他表示自己不该那样,但当时就是无法控制。爸爸想了想,教给他一个控制情绪的方法:第一步,想发火的时候,先深呼吸3次,让激动的情绪缓和下来;第二步,情绪稍微缓和后,想想自己刚才要发火的原因是什么,值不值得?如果自己换成对方,面对别人的"垃圾情绪",是不是觉得很不公平?如果是,放弃发火的念头。

小谨认真地听着,表示自己一定会努力用这个方法来控制自己的情绪。

青春期男孩处在一个特殊的阶段,无法控制自己,但又渴望别人来帮助自己。对此,不管孩子的脾气有多坏,父母都要耐心帮助他找到情绪失控的原因,给予他必要的支持,从而引导他做情绪的主人。

家长课堂

"生气一分钟,就是失去60秒的快乐。"对于易怒的孩子,父母首先要让他明白这个道理,然后帮助他、教会他做一个快乐、乐观的人。要知道,青春期男孩远比表面上看起来更需要你。

"我偏要这么做！"——叛逆是青春期男孩的专利

妈妈走进东东的房间，告诉他今天有人来家里做客，希望他表现得热情一些，别像平常一样只知道坐在电脑前玩游戏。没想到东东不屑地说："跟我有什么关系！"客人来了之后，东东像没看见一样，招呼也不打一个，坐在电脑前投入地"打怪"。妈妈越是叫他出来，他越是显出一副谁都不想理的样子。

青春期男孩的叛逆往往让父母觉得很头疼。他们好像变了一个人，不但行为和装束都开始崇尚"非主流""不一般"，还常常故意跟父母作对，不管是非对错，只要父母提出要求，他们就一定要做出相反的举动。男孩的这种行为让父母觉得很难理解，却又无可奈何。

叛逆是青春期男孩的主要特征之一。从生理上来说，这是分泌过剩的雄性激素在作怪。这时的男孩，极度渴望能够支配自己的生活，对于别人的指手画脚往往会很反感，甚至会故意反着来。

理解了青春期男孩叛逆行为的背后原因，父母就可以有针对性地对男孩进行引导。

方法一，理解男孩的叛逆，在合理范围内给予他释放叛逆行为的自由。

君君最近变得越来越注重自己的外表，不仅留长了头发，还买了一些款式奇特的衣服。不过，妈妈每次看到君君的"新装备"，从来没有表现出不悦，反而经常和他探讨怎样才能把这些不一般的衣服穿得更好看。君君很开心，常说自己的妈妈是世界上最"酷"的妈妈，不像别的同学的父母，只要看见孩子买一件款式稍微夸张的衣服就大加训斥。

有一次，君君穿了一个耳洞，还戴着一副耳环回到家里。这一次，妈妈没有默许，更没有赞赏，而是明确表示不支持他打扮成这样。君君本想反抗，但考虑到妈妈大部分时候都支持自己，也许这回自己确实过分了，于是听话地摘下了耳环。

刚进入青春期的男孩，总会尝试性地做出一些另类的举动，企图从父母手中"夺回"一部分自我的权利。如果父母见到孩子稍有异常就加以干涉，孩子很容易早早生出反抗之心，以后不管父母说什么做什么，他的第一反应就是反抗。因此，对于孩子某些无伤大雅的改变，父母要加以包容，把握好一个度，既尊重男孩的独立，又正确引导男孩的行为。

方法二，改变事事由父母做主的方式，赋予男孩更多的选择权。

小江今年上高一，因为学校离家比较远，中午只能在外面吃，妈妈觉得长期在小饭馆吃不卫生，便想让小江带饭。但不管妈妈怎么说，小江都不肯带。

这天晚上，妈妈做了一大桌美味可口的菜肴。小江回到家，马上狼吞虎咽地吃起来。妈妈乘机对他说："还是家里的饭好吃吧？这样吧，你什么时候不想吃外面的饭了，就告诉妈妈，妈妈随时给你做好，让你带到学校。"果然，小江这次的反应没有那么大了。他想了一会儿，回答说："我还真是吃腻了外边的。我从下周就开始带饭吧。"

有些父母总是迫切而生硬地把自己的想法强加给孩子，结果使孩子更容易产生"叛逆"行为。而聪明的父母则会在某个范围内给予孩子充分的自由，让他感觉到自己也有决策权。这样不仅有利于融洽亲子关系，也有助于青春期男孩的健康成长。

青春期的孩子，正处于从儿童到成人的过渡期，开始渴望自己也成为决策者之一。其实这也是必需的——一味接受父母指挥的孩子，将来很难成为有主见、有独创力的人。

"谁也比不上我！"——自负无益

在一次家长会上，小科的妈妈发现了一个奇怪的现象：不管老师表扬哪个同学，小科都会露出一副不屑一顾的表情，好像在说："他有什么！还不如我呢！"回家的路上，妈妈故意问小科："你觉得你的同桌怎么样？"小科说："他呀，哪方面都不如我……""那你们班长呢？好像组织能力挺强的。"妈妈又问。"嗨，他也就是一个跑腿的，能力谈不上，就是有点傻，什么事都往自己身上揽……"妈妈听着，不由得开始担心起来。

"年轻气盛"这个词用在青春期男孩身上再合适不过了。十几岁的男孩，常常自我感觉良好，自以为是。稍微取得点成绩，更会表现出一副"你们都不行，瞧我多厉害"的神态，让周围人看了心里很不舒服。

青春期是一个自我意识膨胀的时期，男孩有这样的表现也属正常。但过度自负和看不起别人，却会使男孩不知进取，还有可能导致其自大、刻薄，人际关系变差。

那么，怎样才能在不打击孩子自尊的前提下，让孩子客观看待自己、看待他人呢？

方法一，委婉地让男孩意识到自负的坏处。

钟涛最近说话总爱仰着头，谈论起别人的时候还经常从鼻子里发出"嗤嗤"的声音。妈妈为此很担心。这天，她从书店买回一本关羽的传记，放在钟涛的房间，并表示期待他看完之后一起讨论。钟涛对历史比较感兴趣，没过多久就读完了。当他看到关羽变得骄矜自傲，最后因为太过自负而战死沙场时，仿佛明白了妈妈的用意。在和妈妈讨论看这本书的体会时，钟涛终于意识到了自己的错误。

青春期男孩看似自大，并处处想要彰显自己，其实是希望自己在别人心中是一个完美的形象，却没有意识到自己用错了方式。如果父母能够委婉地进行提醒，让男孩意识到自负的坏处，他会更容易接受父母的建议。

方法二，给男孩树立一个"谦虚"的榜样。

马先生是某集团公司人事部经理，平时在公司很受大家尊敬。时间长了，他的言行举止难免有些高调，甚至回到家也是一副高高在上的模样。最近几个月，马先生发现儿子小昭变得有些"自命不凡"，一有"高帽子"就立刻往自己头上戴，一旦有人对他稍加赞赏，他就恨不得爬到天上去。马先生知道，这是青春期男孩的通病，同时也意识到自己应当为小昭树立一个谦逊的榜样。这以后，马先生在家时刻注意自己的言行，一点也不忌讳表现自己有缺陷的一面，并经常赞扬他人的长处。

几个月后，小昭那不可一世的态度渐渐消失了，开始懂得了自负的坏处，并尝到了谦虚做人的甜头。

耳濡目染的力量是不容忽视的。这是因为，青春期男孩所表现出来的自负，除了与生理因素有关，他所处的环境、所受的教育、所接触的人，都会给他带来影响。而在这些影响之中，父母尤其是父亲的影响是很深的，因此，父母应该以身作则，用自身行动来引导孩子谦虚做人。

家长课堂

在教育孩子不要过于自负时，要注意适度原则，切莫用打击孩子的方式来改变他的不良行为，否则很有可能矫枉过正，让孩子由自负转为自卑。

"你们怎么那样看我？"——敏感的神经

在一次青少年问题的讨论会上，不少妈妈这样说：

"我上初中的儿子最近变得越来越敏感，有时候别人一句无心的话，都能让他心事重重！"

"我儿子别看已经15岁了，就跟个小姑娘似的，什么都喜欢往心里去！"

"我家小子总是觉得老师和同学针对他，所以弄得他和大家的关系一直很不好。"

……

青春期男孩的自我意识很强，对外界的刺激尤其敏感，这也有助于他们学会自我保护及防御伤害。

不过，过度敏感的男孩，大都感情脆弱、心情抑郁，经不起强烈刺激和挫折，一点小打击就会引起他的紧张；倘若父母再严厉地管束，很可能导致他变得自卑。过度敏感的男孩还容易缺乏宽容的气度，爱钻牛角尖，凡事斤斤计较，甚至养成好斗的性格。

由此可见，父母必须想办法引导青春期男孩度过敏感期，否则会影响到他的健康成长和未来发展。

方法一，敢于直视青春期敏感问题，与男孩进行良好的沟通。

有一位妈妈的经验是这样的："儿子上了高中后，我发现对待他要小心翼翼的，一旦哪句话说错了，他就一个人生闷气。通过对儿子的仔细观察，我发现儿子觉得学习压力很大，而且开始喜欢和女孩子接触，可是他性格内向，每次一和女孩子说话就脸红，所以没有几个女孩子愿意主动理会他。儿子心里十分苦闷，甚至偷偷躲在房间里看一些不健康的书籍。"

"儿子的矛盾和苦闷，使他的心情和脾气都越来越差。我知道不能再这样下去了，否则儿子的一生可能就毁掉了。于是，我尝试着和他进行了一次深入的谈话，告诉他不用太在意高考的事情，只要他努力了就可以了。我还告诉他，在他这个年纪，喜欢女孩子很正常，青春时期的恋爱就像一枚青涩的果子，要等到成熟之后去采摘才是美好的。这次谈话之后，儿子渐渐明白了自己必须摆正心态，才能从迷茫中走出来。"

青春期男孩心思敏感，加上来自学习、交际等方面的压力，如果找不到一个宣泄的出口，那么他们就会变得无助、彷徨、痛苦和矛盾，认为自己没有能力、胆小，甚至开始自卑。

如果父母能和孩子一起正视这些青春期的敏感问题，并和孩子保持良好的沟通，帮助他疏通心结，那么他就会逐渐变得开朗起来。

方法二，鼓励男孩多参加集体活动，多交朋友，凡事别闷在心里。

有一个16岁的男孩在博客中这样写道：

"我总觉得自己还很小，对很多事情都看不清、想不透。有时候，我很希望回到小时候，因为小时候的我有很多朋友，妈妈也很关心爱护我，可是现在长大了，我和他们之间的隔阂越来越多，可以谈心的朋友越来越少，得到的关爱也越来越少了。"

"慢慢地，我认为大家之所以不再喜欢我，甚至总是针对我，是不是因为我好欺负，是不是觉得我像个笨蛋？难道我真的那么傻吗？或许，在这个世界上根本没有人理解我，我注定是一个孤独的人！"

青春期男孩在身体发育上虽然接近成年人，但在心理上却还没有完全成熟，有些男孩甚至害怕长大。假如在这个过程中，他没有朋友可以倾诉，凡事闷在心里，那么不良情绪就会像病菌一样不断扩散，使他变得烦躁易怒、悲观厌世、偏激、疑神疑鬼、怯懦等，对他的成长非常不利。

所以，父母应该鼓励青春期男孩多参加集体活动，多交朋友，有些不愿与父母沟通的问题，不妨向朋友倾诉。只要他打开心结，把不良情绪宣泄出来，就会重新变得轻松、快乐起来。

男孩越敏感，父母在教育过程中遇到的问题就会越多。所以，父母要正视青春期男孩的敏感问题，和孩子多沟通、多交流，鼓励他多参加集体活动，学会宣泄和倾诉。

"我时而开心，时而郁闷。"——情绪起伏不定

下午张喆和妈妈一起逛超市的时候还很开心，一路上，他兴高采烈地谈论着学校里发生的事情。回到家后，他却突然变得沉默起来，把自己关在屋子里，连晚饭都没心情吃了。妈妈问他怎么回事，他却说没事。到了晚上八点半，张喆的心情突然又好了起来，他跑到客厅的沙发旁边，蹭着妈妈的胳膊，说自己饿了，想吃东西。妈妈见儿子这样喜怒无常，心里很是担心，他到底怎么了？

青春期男孩往往敏感多思、多愁善感，但他们不擅长或者不喜欢表达出来。这段时期，他们常常会思考一些很虚无的问题，甚至怀疑自己存在的意义。不过，一旦有令他们感兴趣的事情出现，他们又会立刻高兴起来。另外，有些男孩还会患上青春期抑郁症，这是一种以持久的、显著的情绪异常（情绪高涨或低落）为基本症状的精神疾病。父母一旦发现孩子的情绪总是大起大伏，或者经常处于忧郁状态，就要提高警惕。

要想帮助男孩控制好情绪，保持快乐的心态，父母可参考以下方法：

方法一，做一个情绪平稳的家长。

父母发现方方最近总是"阴晴不定"，上一秒还很开心，下一秒情绪就低落了。对此，父母决定采取"冷处理"。当方方兴

高采烈地和父母交流某件事情的时候,父母并不过分表现出高兴,只是稍加赞赏或鼓励;当方方因为犯错而感到沮丧的时候,父母则用平静而积极的态度来安慰他。平时他们也总教导方方要"不以物喜,不以己悲","喜怒不形于色"。在父母的耐心引导下,方方逐渐学会了控制情绪。

生活中,如果父母经常因小事而时喜时怒,孩子通常也会有这一性格特点。因此,父母调整好自己的情绪,对于孩子形成成熟、健康的性情是非常重要的。

方法二,多向男孩传播正面、积极的观念。

孙国的儿子最近表现得像个多愁善感的小女孩,总是唉声叹气,一副没精打采的样子。孙国决定改变儿子的精神状态,他从网上搜集了很多积极向上的故事,每天晚饭后都给儿子讲,并时不时跟儿子开个玩笑,努力让自己保持乐观,即使是烦恼的事,也总会以调侃的语气轻松地讲出来。时间一长,孙国发现不但儿子变得快乐起来,而且家中的氛围也改善了很多。

积极的性格有助于打造积极的人生。父母应让男孩多接触有积极意义的事情,树立乐观心态,这对孩子将来形成健全的心理和稳重的性情有着重要作用。

家长课堂

"性格决定命运",长时间的情绪变动会左右性格,而青春期正是情绪多变的时期。关注青春期男孩的情绪问题,是父母的一个重要任务。孩子的情绪健康,心理才会健康,他的未来才会朝向光明。

"这样做才有个性!"——非主流的心态在作祟

一个周末,子木整整两天都和同学泡在外面。周日晚上他回家的时候,父亲看到了他那染得亮黄的头发。"马上去把它染成黑色,否则你就别回家。"父亲努力压抑自己的愤怒。子木看了父亲一眼,小声说道:"染个头发怎么了?难道我跟那些'黑毛'都没区别,你就开心了吗?"父亲气愤至极,扬起手朝子木那扎眼的脑袋打了一下。

进入青春期后,原本单纯干净的小男孩,变成了这副"社会不良少年"的样子,父母自然接受不了。他们会认为孩子学坏了,实际上,这也属于"青春期蠢动"的一部分。青春期的男孩急切想要表现自己的与众不同,但是,他们的人生阅历相对缺乏,对事物没有全面综合评价的辨识能力,他们自认为时尚的东西对他们来说不一定是好的。有些青少年群体所追求的东西,往往是标新立异、突出自我,却反潮流,对自我形象不利。说到底,这只是他们第一次站到人生舞台上的"牛刀小试",可以看作是一个阶段性的进步。父母不能只看到孩子表面的非主流形象,而忽视这些内在的因素。

总的来说,对于沉迷非主流世界的孩子,父母不能一味否定,应在尊重孩子个性的基础上,对其进行正面引导。

方法一,引导男孩正确认识外在美。

看到儿子又穿了一件非常花哨的衣服回家，刘梅准备和他谈谈。她温和地对儿子说："想必我儿子今天又是班里最与众不同的一个。"儿子听了有些得意地点点头。刘梅又说："不过我比较好奇，我儿子今天是最得体的一个吗？"儿子想了想，没有回应。"我觉得呢，追求美不一定是追求与别人截然不同，截然不同的美或许大众都不懂欣赏呢。我觉得适合自己的、得体的着装，才是最美的。奇特和美应该追求哪一个，我聪明的儿子一定能抓住重点。"儿子没有说话，默默地回了房间。第二天，那件花哨的衣服不见了，儿子穿了一件低调但有型的棒球衫。看着帅气的儿子，刘梅忍不住竖起了大拇指。

青春期男孩追求服装奇特，说到底也是在追求美，只不过他们心中衡量美的标准有所偏失。父母要告诉男孩追求美是正常的，但要树立正确的审美观。

方法二，让男孩知道个性和美的彰显应该由内而外。

"我只是想让自己看上去有个性一点，为什么你不能理解我？"小吉大声地向妈妈咆哮着。妈妈心平气和地说："在我看来，你已经很有个性了。你的个性是从内心散发出来的，你为人热情，有自己的爱好，喜欢尝试新鲜事物，喜欢帮助别人。这种由内而外散发出来的气质，会让你在人群中显得耀眼。追求个性不一定要在装扮上标新立异，真正的个性在于从内心散发出来的魅力。"听了妈妈耐心的解释，小吉的情绪渐渐平复了，眼睛里也有了光芒。

也许小吉的内在并不像妈妈说的那样"美"，但妈妈非常聪明，用表扬式的语言让孩子对自己的内在产生了信心，从而取得了好的教育效果。

此外，父母还可以给孩子讲一些外貌平凡但内心不平凡的非常有个性魅力的名人事例,给孩子看一些因为有内涵而使外表更加赏心悦目的明星,或者给孩子讲一些励志故事,让孩子意识到内在美的重要,同时明白外在美的真谛——自然、得体,适合自己。

家长课堂

青春期男孩追求个性,崇尚自由,但对美的理解还不成熟。对此,父母要引导男孩树立正确的审美观,让他明白只有内在美与外在美均衡发展,才是真正的美。

"我还是个孩子！"——幼稚的自我

有一天，王寒家里来了客人，爸爸妈妈忙碌一下午做了一桌子菜。开饭的时候，王寒不顾有客人在场，一边大声说着"饿死我了"，一边坐在餐桌旁吃了起来。妈妈有些不好意思，刚要提醒王寒，谁知王寒却先喊了起来："凉菜怎么又放蒜了？那么大的味道，怎么吃啊？"妈妈又气又急，心想儿子什么时候才能不这么幼稚呢？

步入青春期的男孩，到了十四五岁，身体就发育得接近成人了，但心理上的发育却大大滞后于其生理发育，他们说话振振有词，做起事来任性放纵，从不考虑后果。心理学家称这种现象为"青春期无力症"或者"青春期幼稚症"。

对此，父母要引导青春期男孩向自己的弱点宣战，突破幼稚心理，逐步成熟起来。

方法一，满足男孩青春期渴望自主的意愿。

张森最近总抱怨妈妈做饭很慢。妈妈工作了一天，一回到家就立刻做饭，没想到儿子还满腹牢骚，她觉得委屈极了，同时也觉得儿子不懂得为他人考虑。一天晚上，张森回到家，发现妈妈还没回来，桌子上放着一张纸条，上面写着：儿子，今天妈妈单位开会，回家会很晚，你来做饭好吗？张森心想：不就是做饭吗？我来！

当他动手后，才发现做饭并非自己想象的那么简单，仅仅是三菜一汤，就搞得他手忙脚乱。最后，他花了将近两个小时才做好这顿晚饭。经过这一次，他终于体会到了做饭的不容易，也知道自己原来是多么幼稚了。

青春期的男孩一方面喜欢抱怨别人无法满足自己的要求，另一方面又很渴望大显身手。父母不妨利用男孩的这种矛盾心理，让他动手做一些事情。有了实践经验，他在日后面对事情的时候就会懂得为别人着想。

方法二，不姑息男孩的错误，及时指出，及早纠正。

冬冬已经是一名初中生了，平时和人聊天，大家都夸他懂事，但是他一做起事来，却总是太孩子气。一天，冬冬和爸爸去看电影，影院里很安静，冬冬一会儿出去买零食，一会儿给同学打电话进行现场直播。爸爸批评了他，他却理直气壮地说："干吗对我要求这么高，我还是个孩子！"

回到家后，爸爸很严肃地把他叫到书房，告诉他看电影前要做好准备，并指出他的错误做法及这样做的后果。经过爸爸的教育，冬冬意识到自己的做法是不文明的，他向爸爸诚恳地道歉，并表示以后一定改正。

青春期男孩正处于从儿童到成人的过渡期，有时表现得成熟，有时表现得幼稚，这时就需要父母进行引导，让他明白做错了事情应及时改正，只有对自己的行为负责，才能一步步迈向成熟。

方法三，帮助男孩正确认识自己。

父母可以让男孩将自己的优点和缺点各列一个清单，客观地对自己进行评价，通过自我分析来树立自信心；还可以让男孩每天写日记，进行自我监督。

家长课堂

在动物界,很多动物把幼崽赶出自己的怀抱,让它们自行去适应弱肉强食的世界。而有些父母却习惯性地给孩子打上保护伞,同时又抱怨孩子"幼稚""不独立"。其实,青春期男孩的幼稚,父母也负有不可推卸的责任。因此,父母一定要改变自己对孩子的态度,多鼓励孩子亲自动手。

"我这么晚回是帮同学补课了。"——说谎是为了逃避惩罚

眼看已经晚上8点多了,上初二的儿子小刚还没有回家,妈妈开始担心起来。她拿起电话打给儿子的班主任,老师告诉她,小刚这次考试成绩下降了很多,放学后被安排补习了一会儿。周青刚放下电话,小刚就开门进来了。还没等她开口,小刚就说:"妈,我今天帮同学补习功课了,所以回来有些晚。"妈妈一时不知说什么好,儿子不但成绩下降了,还学会了撒谎。

生活中,很多以儿子愿意与自己分享秘密为傲的父母,会在儿子进入青春期后的某一天发现,儿子开始拒绝和自己谈心事,有时还撒谎。父母不禁担忧,儿子会从此变成一个品质有问题的人吗?

其实,这主要是因为男孩到了青春期,觉得自己解决问题的能力提高了,或者渴望亲自处理自己的事情,于是拒绝与父母分享。另外,随着男孩生理的发育,他们也会有一些情感方面的秘密。这些他们当然不愿说出来,并且希望父母尊重自己的隐私。

不过,为了隐瞒错误而说谎是不可取的。那么,父母该怎样引导孩子做一个诚实的人呢?

方法一,让男孩明白撒谎的严重性,不能为掩盖自己的错误而撒谎。

一个妈妈给进入青春期后变得爱撒谎的儿子写了这样一封信:

"亲爱的儿子,不知不觉你已经悄悄地长大,你的能力不断

变强大，可以解决更多的问题了；同时你也开始有了自己的小心思、小秘密；你渴望尝试更多以前没有尝试过的事物……妈妈对此非常理解。但妈妈想说的是，不管你想要做什么、不想做什么，都可以诚实地说出来。因为一个人的品质将会决定他的品行，决定他的人际关系，甚至决定他未来的成就……试着将你真实的想法说出来，你怎么知道它不会被接受呢？"

青春期男孩撒谎有时并非出于恶意，只是有难言之隐。他们认为这没什么大不了的，因为还没有尝到过撒谎的恶果。面对这种情况，父母要让孩子了解到撒谎带来的危害，引导孩子及早远离恶习。

方法二，尊重男孩的隐私，不"逼"他撒谎。

爸爸走进轩轩的房间，想叫他吃饭，谁知刚推门进去，就看到轩轩慌乱地将什么东西塞进抽屉里。爸爸没有追问轩轩那是什么，反而很抱歉地说了一句："不好意思，爸爸下次进来前会敲门的。"轩轩本来已经准备好撒谎了，没想到爸爸居然没有过问，反而向自己表达歉意。他不禁松了一口气，对爸爸也多了一丝信任。

进入中学的孩子，开始有了秘密，也不再愿意和父母分享心情。如果父母坚持寻根究底，他们就会编出一些谎言来敷衍父母。这是成长过程中很自然的事情，父母应该对此有清醒的认识，给予孩子一些自由的空间。

父母要与青春期男孩建立起相互信任的关系，在发现孩子说谎后，应及时与孩子沟通，循循善诱，告诉孩子诚实的可贵，打消孩子担心因犯错而受到惩罚的顾虑，鼓励孩子讲真话。

"我想逃离这个家!"——盲目追求所谓的自由

苏苏今天回家又晚了,爸爸气得训斥了他一顿。但苏苏一点后悔和愧疚也没有,反而比爸爸喊得更大声:"我能回家就不错了!你以为我想回来吗?早就在这个家待够了!早想逃了!"爸爸被他的话吓了一跳:家里的气氛一直都挺好的,没有给苏苏太大的压力,他这是怎么了?

如果我们对青春期男孩进行一次采访,想必会有超过一半的男孩正在"酝酿"从家里逃跑的计划,甚至不止一次产生过离家出走的想法。

青春期作为一个特殊时期,男孩由对家人的依附、信赖,逐渐转变为对自我的期待;对家庭的感觉,由依赖逐渐转变为厌倦。这是青春期男孩自我意识膨胀,希望寻求独立空间和自由而产生的"副作用"之一。另外,有些家长因为对青春期男孩叛逆的不适应,动辄出口训斥,甚至大打出手。于是,逃避有压力的环境,反抗父母不公平待遇,也成了青春期男孩渴望离开家庭的一个重要原因。

了解了青春期男孩想要"离家出走"的原因,那么父母就需要采取有效措施来改变孩子这种状态:

方法一,营造温馨的家庭氛围。

一家人在一起,其乐融融,孩子也愿意待在家里。但有些父母不是吵架就是呵斥孩子,孩子自然就想逃离了。父母是良好的家庭氛围的营造者，比如：尽量把家收拾得干净整洁、温馨舒适；让孩子放学回到家，能够看到父母坐在沙发上或者在厨房里忙碌；假期到了，全家一起出去旅行；夕阳西下后，一家人出门遛个弯儿……在这样的氛围里，孩子的内心会特别温暖。

方法二，适时"不闻不问"，给青春期男孩充分的自由。

> 妈妈帮小丁收拾房间的时候，发现了他写的一篇日记："爸妈最近真是太烦了，我所有的事情都要过问，我已经是个上初中的大孩子了，不需要他们像对待幼儿园小孩一样对待我。他们做父母的这么烦，我真盼着早点离开这个家。"没想到平时不爱说话的儿子心里竟然藏着这样的感受，当天晚上，妈妈和爸爸达成了一项约定：和孩子交流时少问问题，多说一些轻松愉快的话题；不唠叨，不给孩子压力。

其实，很多父母对待孩子的态度并没有变化，只是处于青春期的孩子本身发生了很大的变化，他们不再需要父母的嘘寒问暖、事事代为安排。他们觉得这是一种无形的枷锁，父母逼得越紧，他们就越想逃。因此，父母不妨跟着孩子的变化而变化，适当表现得"冷漠"一点，给本来就烦躁的孩子降降温。

方法三，让男孩学会用沟通的方式解决问题。

> 成成和爸爸又发生了口角，这次爸爸没有忍住心中的怒火，说出了很伤人的话，气得成成摔门而出。但成成刚冲出家门20分钟，爸爸就有点后悔了。这时，爸爸给成成发去了一条短信："儿子，爸爸对刚才的事情感到愧疚，很后悔对你说了那样的话。其实那并非出于我的本意，我在这里诚心地向你道歉。本来我抹不开面子，但我觉得逃避不能解决问题，我必须要面对它。希望你也能赶快回来，我们一起解决问题。"成成看完短信，毫不犹

豫地朝着家的方向跑去。

父母对家里出现的问题视而不见,尤其是和孩子之间的问题,也会影响到孩子对待问题的态度,逐渐形成遇事就逃的心态。为了给孩子做一个好的榜样,父母要试着放下面子,营造直面问题、积极处理问题的家庭氛围,这也能在一定程度上减少青春期孩子想要逃离家庭的念头。

家长课堂

在一个地方生活久了,压力逐渐累积,不仅孩子,就连大人也有想逃的时候。面对青春期男孩强烈的逃离欲望,父母可以告诉他,自己很理解他,但逃离绝不是明智之举,对解决问题于事无补,只会令自己后悔、让家人担心。同时营造温馨、平和的家庭氛围,给孩子更多的独立空间,重视孩子的人格发展。

"抽烟、喝酒都是纯爷们做的事！"——从小就有大男子主义倾向

朱女士下班回家的时候，路过一个小胡同，发现里面蹲着好几个十五六岁的男孩，一边抽烟，一边用很狂妄的口气交谈着。朱女士心中暗自叹气，突然，她想起15岁的儿子最近从外面回来，身上也总是有烟味。虽然他借口说是去打台球的时候沾上了别人的烟味，但朱女士心里也明白真相是怎么回事。她不禁担心起来：这么小的孩子，怎么能碰这么不健康的东西呢？

很多男孩上中学后，会逐渐染上抽烟、喝酒的恶习。他们似乎对抽烟喝酒这样的事情很享受，仿佛这样做才有"男人味"。

要想让孩子远离这些不良习惯，父母要先了解青春期男孩抽烟、喝酒的原因。首先，青春期男孩好奇心强，加上对成年人的模仿，于是对烟酒跃跃欲试；其次，青春期的男孩很有主见，加上叛逆心理，父母和老师越是忌讳的事情，他们越是要做。另外，有些孩子是受到了不良朋友的影响，被带进了"烟酒圈"。

那么，父母怎样做才能让孩子杜绝烟酒行为呢？

方法一，父亲要以身作则，给男孩创造一个无烟酒环境。

李明的爸爸是个交际很广的人，几乎每隔两天就会有人到家里来喝酒。李明总是看见，爸爸和他的朋友在酒桌上吞云吐雾。

李明上初中之后，生理和心理都发生了很大的变化，长期受爸爸"熏陶"而产生的对烟、酒的渴望一下子从他心底冒了出来，他开始背着家人抽烟、喝酒。爸爸终于意识到自己的不良习惯给孩子带来的恶劣影响，于是取消了家中聚会，同时表明了戒烟的决心。在爸爸的带动下，李明对烟酒的欲望也减少了很多，后来还加入了爸爸的戒烟行动。

环境会给孩子带来巨大的影响，父亲更是男孩模仿的对象。对此，父亲一定要注意自己的言行举止，尤其是面对青春期男孩，更要戒掉自己的不良习惯，以免为本来就"蠢蠢欲动"的青春期男孩"推波助澜"，使他过早对烟酒上瘾。

方法二，让男孩知道烟酒不是成熟男人的标志，也不是"纯爷们"的必备品。

小钧上高中后，有段时间总是带着一身浓烈的烟酒味回家。妈妈多次对他进行劝解，小钧被说烦了，还会朝着妈妈喊几句："我是个男人，你懂吗？男人哪有不抽烟、不喝酒的？"为了让小钧改变这种看法，爸爸找来一个同事——小钧一直很崇拜的一个很有魅力的男人（当然，这个同事是不抽烟、不酗酒的），让他与小钧进行了一番深入的交谈，小钧终于明白了一个道理：男人的魅力不是靠外界事物（烟、酒）来显现，而是由内在气质决定的，并且由修养到位的言行举止来体现。从那之后，小钧渐渐改变了对烟酒的态度，转而注重自身修养了。

男孩进入青春期后，内心最大的变化就是认为自己是个"爷们"了，于是常常借助抽烟、喝酒来显示自己的这一转变。对此，父母要告诉男孩，成熟的男人与抽烟、喝酒没有丝毫关系，成长的真正标志体现在心态的成熟上。同时要让男孩意识到，过早地接触烟酒对身体的危害是不可逆的，从而引导男孩远离烟酒。

对于青春期男孩吸烟喝酒,父母不能简单粗暴地进行制止,而是要弄清楚孩子染上这些恶习的原因,从内心改变孩子对烟酒的看法,并给孩子树立成熟男人的形象标杆。父母也要掌握一些戒除烟瘾、酒瘾的方法,有效地解决孩子过早抽烟喝酒的问题。

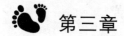

第三章

阴晴不定，男孩也有自己的心事

——走进青春期男孩的内心世界

有句歌词叫"女孩的心思你别猜，你猜来猜去也猜不明白"，其实这句歌词对青春期男孩同样适用。进入青春期的男孩，生理、心理方面发生了显著的变化，情绪波动大，这个时期的他们心思敏感而复杂。对此，父母要引导孩子及时调整情绪，不要让这些情绪影响学习和生活；同时要积极主动地适应环境，乐观热情地面对现实，提高自身素质和修养。

"我憎恨周围的一切!"——敌视只会让自己更痛苦

"学校真的很烦人,老师管得多,作业也多,我真恨那个地方!"

"你们为什么总是不为我考虑,我做什么你们都看不顺眼,我恨这个家……"

"真讨厌那些上车不排队的人,一点素质也没有……"

很多父母可能会突然发现,自己的儿子不知何时成了一个"抱怨狂",看不惯周围的一切,憎恨周围的一切。

孩子这种敌视周围的心态非常有害,这不仅会影响他们的人际关系,还会让他们变得消极,失去对所有事物的兴趣。

那么,青春期男孩的心理为什么会出现这种变化呢?这主要是因为,小时候的他们认知有限,并且在父母的保护之下,通常只接触美好的事物,这使他们保持着对世界的美好认知。而到了青春期,他们接触的事物越来越多,认知范围不断扩大,在突然接触到大量的负面信息,并意识到自己无力解决时,其敌视心理就会油然而生。

针对青春期男孩对外界的敌视心理,父母可以采用以下方法:

方法一,告诉男孩世界不会以谁为中心,但父母永远是最爱他的。

"姨妈真的很讨厌,她不认真听我说话,也不顾及我的感受,她一定很不喜欢我。"博文从姨妈家回来后，一直闷闷不乐。妈妈仔细一问，原来姨妈做饭时，有两样菜是博文不喜欢吃的，而表妹却很喜欢吃。妈妈笑着说："姨妈肯定是喜欢你的，否则她不会打电话邀请你去她家玩。只不过姨妈要顾及所有人的感受，而不是你一个人的。打个比方，如果表妹来我们家吃饭，我做饭的时候只做表妹喜欢吃的，而不考虑你，你是不是也很不开心？人多的时候，我们就要照顾大家的感受，这样的人才最受欢迎。"博文听了，紧皱的眉头也舒展开了。

孩子小的时候，一直受到呵护，大人几乎是"有求必应"。但在进入青春期后，孩子自我意识增强，一时无法适应别人对自己的"忽视"，于是会对"冷落"自己的人产生敌视心理。这时，父母要让孩子知道，世界不是以他为中心，长大就要学会包容、谅解。当然，还要告诉孩子，父母永远是爱他的，只是方式有所不同。

方法二，让男孩正确看待不公平的现象，不放弃自身的努力。

想要引导孩子正确看待不公平，父母首先自己要做到正确看待不公平。社会上不公平现象普遍存在，只要在过程中做到最好就行，对结果不要太执着。

另外，父母要让孩子明白，很多时候"不公平"只是一种表象，一件事情的结果于他有利，他可能就会觉很公平；于他不利，他便觉得不公平。即使真的面对不公平，也要脚踏实地，因为它是人生道路上的一个契机。正是这些不公平，让他有机会发现自身的问题所在，从而改正缺点，健康成长。

父母一定要帮助孩子树立正确的价值观，坚定理想，正确认识社会的"丑陋"，同时给他坚持自我的信念，这才是应对青春期男孩敌视心理的最佳做法。

家长课堂

青春期男孩很容易对周围的事物产生敌视情绪,无外乎"看不惯""管不了""比不上"这几个原因。父母应正确引导孩子放平心态,不要管不该管的事,不要觊觎不属于自己的东西,不要被外界的不良事物所干扰,如此,孩子的敌视情绪慢慢才能得到有效缓解。

"我想打他！"——做自己情绪的主人

胡兰已经是第三次因为儿子打架被老师"请"到学校了。她很不理解，儿子为什么总喜欢用武力解决问题？回家的路上，她打算严肃地和儿子谈谈这个问题，儿子却说："妈，您别说了，下次如果有人再这样挑衅，我还是会打他的！"

十几岁的男孩动辄出手打人，甚至约好打群架，从生理上来说，青春期男孩雄性激素分泌异常旺盛，在内分泌的驱使之下，他们遇事很难冷静，容易冲动。而且身体变得强壮也催化了他们的冲动。

父母可以理解男孩打架背后的原因，但是不能任由他们使用"武力"，而应引导他们控制好情绪，避免冲动做事。

方法一，让男孩学会动"口"，而不是动"手"。

电视上正在播放一个打架事件，妈妈就这件事询问许军的看法。许军没有多想，回答说："不动手，别人就会欺负自己。换了我，我也会打。"妈妈说："我倒认为，一个成熟的男人，能用智慧和语言解决问题，他一定比动辄粗鲁动手的男人更令人信服，也更有男人的魅力。"许军想到自己屡次犯下的打架错误，又回想起打架那微不足道的理由，不由得脸红了。

男孩进入了青春期，荷尔蒙过剩让他们的精力大幅提升，再加上良莠不齐的社会影片的影响，让他们有一种崇拜打架的冲动。父母要让孩子明白，"以暴制暴"只会让问题更加复杂，甚至造成严重的后果。只有学会用"口"去解决问题，控制好情绪，才是解决问题的最佳途径。

方法二，营造一个讲理的家庭，杜绝暴力倾向。

一对爱打架的夫妻有两个儿子，因为某些原因，大儿子一直养在他们身边，小儿子则被送到性情温和的爷爷奶奶那里。两个儿子都上初中后，表现出截然不同的处世态度，大儿子粗暴蛮横，在学校里是出了名的爱打架；小儿子温文尔雅，遇事从来不动粗，但也很少吃亏——因为他懂得站在道理那一边，并且很会用温和的方式来捍卫自己的权利。

由此可见，孩子爱打架，不只是青春期生理因素在作祟，还受从小到大接触的家庭环境影响，如果父母不会温和地讲道理，时不时动粗，就会对孩子产生潜移默化的影响。因此，杜绝孩子青春期暴力的根源，关键在于打造一个"动口不动手"的和谐家庭环境。

家长课堂

面对青春期男孩的暴力行为，父母最忌讳的就是"以暴制暴"，因为孩子会受父母的暴力影响，下次会用更暴力的方式来解决自己的问题。因此，父母只有采取温和的方式，不断"软化"孩子的暴力"细胞"，才能使孩子逐渐远离暴力。

"快乐都是暂时的。"——走出悲观的阴影

在一次家庭聚会上，大家兴高采烈地谈论着近况，唯有小刚一个人冷冷地坐着玩手机，别人主动和他说话，他也懒得回应。妈妈过来提醒他应该热情一点，小刚却不以为然："那么热情干什么，吃完饭不照样是各回各家？这种快乐都是暂时的，迟早会过去。"说着，他看了周围的人一眼，鼻子里"哼"了一声，"平日都为了自己忙碌，现在装得好像跟别人都很亲，虚伪！"妈妈十分尴尬：眼前这个消极、悲观又刻薄的人，真是自己的儿子吗？

父母都希望孩子是快乐、积极、幸福。但当男孩到了青春期，父母会发现他好像对什么都没有兴趣，整天一副愤世嫉俗的样子，实在不像一个朝气蓬勃的青少年。

青春期男孩情绪起伏比较大，也容易长时间陷入情绪的低潮，这对孩子的影响是非常深远的。对此，父母要多关注青春期男孩的情绪，帮助和引导他快乐度过青春期，养成积极、快乐的性情。

方法一，用自己的快乐感染男孩。

周日早上，外面下着毛毛细雨。已经是10点钟了，图图还在睡大觉。妈妈敲了敲门，问图图愿不愿意一块出去。图图烦躁地说："一看见下雨我就烦，所以才不愿起床。这雨也不停，能去哪啊？"妈妈笑着说："儿子，这你可就错了。下雨出去有两个好

处,第一,空气那个新鲜啊!第二,下雨外出的人少,到哪都很清静、不拥挤。这么好的机会,怎么能错过!"图图听了,声音也欢快起来:"有道理!我这就起床!"

青春期男孩容易陷入焦灼和烦躁的负面情绪中,所以看什么事情都很悲观。但孩子越是悲观,父母越要乐观起来,经常用幽默调剂生活,遇事引导孩子多看积极的一面。环境对一个人的影响是巨大的,在快乐的氛围中成长,孩子也会逐渐变得乐观、开朗起来。

方法二,给男孩添加调剂生活的爱好或物品。

钟钟最近总是闷闷不乐,经常把自己关在屋子里。妈妈劝他多出去和同学玩,他也总说没意思。妈妈想来想去,决定给钟钟领养一只小狗——钟钟以前就十分想要,但她没有同意。

当妈妈把小狗抱回家的时候,钟钟高兴地跳了起来,抱着妈妈说:"妈妈你太好了!"接下来的日子里,钟钟像变了一个人似的,整个人都快乐了很多,他每天照顾小狗,带小狗出去散步,责任心也增强了很多。家里又呈现出一片热闹、欢喜的氛围。

在青春期早期,孩子容易情绪低落,这时,最好的调剂是让孩子找一件自己喜欢的事情去做,让生活变得有意义。比如,给孩子买一件他喜欢的乐器,给他报一个渴望已久的游泳班,或者领养一只他一直想要的小宠物。这些都可以调节生活,调剂情绪,从而愉悦身心。

任何事情都有两面性,而青春期男孩习惯于看消极的那一面。父母应告诉孩子遇到问题及时与父母交流,寻求帮助,同时给孩子营造轻松、愉快的生活环境,鼓励孩子培养积极的兴趣爱好,帮助他摆脱头顶那片悲观的阴云。

"我比不上他们。"——挣脱自卑的樊篱

孙倩得知儿子的学校要举办艺术节，于是问儿子报了什么节目。儿子支支吾吾地说什么也没报。孙倩很纳闷："你不是很喜欢听相声吗，没事还模仿郭德纲说两段。为什么不练习一下，上去秀一段呢？""我不行啊！我们学校有好几个同学是市相声协会的，他们都参加这次艺术节，还有专业人士指导，我肯定比不上他们，还是不上去丢人了。"孙倩惊异于这些话会从儿子口中说出来，要知道他小时候最喜欢表现自己了。

不少父母会突然发现，那个活泼、自信、爱表现的儿子，现在变得不爱表现、自卑了。这是因为，步入青春期的男孩开始注重外在形象，在意别人对自己的评价，有意识地隐藏自己的缺点，害怕别人对自己品头论足。

青春期的自卑心理会对孩子产生长远的影响，父母应采取有效措施，帮助孩子树立起自信。

方法一，让不敢尝试的男孩体验到成就感。

思哲相貌平平，学习成绩一般，也没有什么特长。妈妈原本是不在意这些的，她只求思哲能够快乐、健康地成长。但思哲上了初中之后，开始意识到自己一无所长，和别的同学交流、相处

没有自信。久而久之，他变得愈发自卑，甚至有些自闭，拒绝参加学校的一切活动。妈妈看在眼里，急在心上。

这个周末，妈妈把思哲 7 岁的表弟接来家里玩，并说表弟要参加"低年级足球赛"，请思哲教教他。思哲这次很尽力，不厌其烦地教了表弟整整两天。表弟回家之后，思哲还每天在电话里询问他训练的效果，并不断告诉他一些简单的技巧。两周之后，表弟打来电话，告诉思哲自己是足球赛中得分最多的选手，为班里赢了这场球赛。思哲知道后开心极了，他发现自己也是有优势、有能力的。后来，他在妈妈的鼓励下参加了学校的足球赛和其他一些活动，慢慢找回了自信。

青春期男孩很容易因为自己的缺点而感到自卑，并且羡慕别人的优点。要想让他自信起来，诀窍就是帮助他找到自己擅长的事情，让他在初尝成功的过程中找到自信。

方法二，以平常心对待男孩的失败，不让自己成为打击男孩自信的罪魁祸首。

"妈，我这次考试名次下降了……不少……"宁宁一进门就低着头小声地对妈妈说。妈妈正在给宁宁的一件衣服补扣子，听了宁宁的话，她头也没抬地说："哦，是吗？没什么，胜败乃兵家常事，老赢的那叫'神仙'。总结经验，找出败在哪里，下次赢回来就行了！最厉害的人就是反败为胜的人，你说呢？"宁宁听妈妈这样说，紧张的神情顿时放松了不少，眼睛里也有了亮光，他放下书包，拿出试卷，说："我这就好好找找让我失败的克星是什么？"

当孩子经历失败或者做错事时，他的内心已经很不好受了，这时，父母千万不要再打击他，否则他很可能会"一蹶不振"。要让孩子明白失败并不可怕，重要的是有一颗不被困难轻易击败的心，并善于从失败中吸取经验和教训，这样才能最终取得成功。

 家长课堂

英国文学家培尔辛曾说："除了人格以外，人生最大的损失，莫过于失掉了自信心。"父母应当引导男孩以正确的心态去面对生活中的烦恼和学习中的困难，努力挖掘自己的长处，正确对待别人的评价，确定合理目标，增加成功体验，这样才能摆脱自卑，从而自信、健康、快乐地成长。

"我承受的压力太大了！"——为心灵减负

晚上吃饭的时候，妈妈一边给儿子夹菜，一边说："儿子，来，多吃点菜。营养跟上了，学习才能跟得上。这学习啊，对于现在的你来说是头等大事，一个学生要是学习不好，将来能有什么好出路？你看咱邻居家那刚考上博士的小伙子，小时候门门功课都第一……""啪！"的一声，儿子把碗摔到了地上，大喊道："我承受的压力已经够多了！你们能不能不要再给我加压了？"妈妈和爸爸面面相觑，小小年纪，除了学习，还有什么压力呢？

青春期男孩常常会遇到来自生活和学习中的压力，比如对身体变化不适应而产生的压力、学习上的压力、交友的压力，等等。另外，青春期男孩敏感多思，情绪起伏不定，不懂得释放压力，因此常会陷入某种压力中无法自拔。

针对这种情况，父母除了尽量不给孩子增加额外压力外，还要经常关注孩子的内心，引导孩子学会排解和释放压力。

方法一，引导男孩将学习压力转化为动力。

小宗这些天回家之后总是愁眉不展，少言寡语。经过旁敲侧击地询问，爸爸了解到小宗主要是觉得地理和历史很难学，于是就提出想看看小宗的地理书和历史书。爸爸一边看，一边自然地谈论着国家的山川地理、著名历史事件，表现出一副很轻松、很感兴趣的样子。

讲解了一会儿地理和历史学习的规律之后，爸爸对小宗说："儿子，历史就是讲故事，讲我们老祖宗的故事，你就一串串听下来，听听古人怎么耕种，怎么打仗，王室怎么争权夺利，这不就像我们平时讨论的历史剧吗？地理就更好玩了，哪儿山多，哪儿水多，哪儿冷，哪儿热，哪儿产什么粮食，哪儿有什么风景，这些看着条目多，但摸清了规律都不在话下。你想想，到时候你上知天文下知地理，谈论起古今事情来头头是道，多威风！不必专门为了考试而学习，那太没意思了。你就抱着好玩的心态去学，我保证你考试也肯定不会差！"小宗听得入了迷，对于学习地理和历史的信心和兴趣也大大增加了。

如果孩子的压力来自于学习，那么父母应该对此感到欣慰：孩子很看重学习。问题的关键是，处于青春期的男孩还不懂得怎样将压力转化为动力。对此，父母要让孩子发现学习的乐趣，找到学习的窍门，将压力化解于无形之中。

方法二，教男孩用恰当的方式排解情绪压力。

辰辰上了初中后，常常锁着眉、低着头，在家也经常把自己关在卧室里。妈妈知道，辰辰进入青春期了，难免会有一些烦恼。而辰辰又是一个不爱表达的男孩，妈妈觉得他这样把事情憋在心里会有损健康，于是给他买了一个篮球、一个排球，还有几个解压小玩具。妈妈还真诚地告诉辰辰，自己很理解他，每个人都会有压力，应该学会通过健康无害的途径去疏解压力。辰辰看着妈妈，深深地点了点头。

对于男孩心中的压力，父母要予以理解，既不要表现出不屑，甚至嘲笑，更不要再主观给孩子增加压力。压力过多、积压时间过长，对孩子的心灵会造成很大伤害。父母要想方设法"开闸泄洪"，帮助男孩用适当的方法去释放内心的压力。

青春期男孩内心的压力可以转化为前进的动力，但也有可能变成伤害孩子心灵的凶手，所以，如何面对压力是至关重要的。聪明的父母应该善用同理心，理解并关心孩子，引导他正确看待压力，学会将压力转化为前进的动力。

"我不敢，我害怕！"——怯懦的心

晚上9点钟，王静正坐在沙发上看电视，突然接到爸爸的电话，得知妈妈进了急救室抢救。王静决定连夜赶回去，爸爸嘱咐她带上外孙小宇，姥姥想见小宇。王静挂了电话，一边收拾东西，一边叫小宇给班主任打电话请一天假。小宇支支吾吾，半天都没有把电话拨出去。王静有些着急，催他快打，他却怯怯地说了句"我不敢"。王静一时无言以对：儿子都13岁了，竟然还不敢开口向老师请假？！

每个家长都希望自己的儿子是一个"小勇士"，勇敢、坚强，做起事情来雷厉风行。但现实往往是，男孩到十几岁的时候，总会有那么一段时期，表现得畏首畏尾，不敢独自面对困难，有时甚至一件很简单的事情对他们来说也很难办到。

青春期男孩之所以会有这样"怯懦"的一面，主要是因为他们的身体和心理虽然在急速成长，但解决问题的能力和经验还很不足，很多自以为能解决的事情最后却受挫。这就导致他们对自己的能力产生了怀疑，遇事容易裹足不前，也就是我们通常所说的"怯懦"。

不过，随着年龄的增长、阅历的丰富，孩子怯懦的状态会逐渐消失。对于父母来说，可以从以下几个方面去帮助孩子：

方法一，多给男孩创造独立解决问题的机会。

小爽今年12岁，对于很多事情，他还是不敢主动尝试和解决。为此，妈妈特意把很多事情都交给他去做。比如，让他自己带钱和同学去商场买衣服，和辅导班老师商量上课时间，以及交水电费、和物业沟通等家务事。每次小爽完成一项任务，妈妈都会表扬他，并和他一起探讨有哪些疏漏，怎样做会更好。一段时间后，小爽已经可以熟练地自主处理一些事情了。

胆怯在某种程度上可以说是由无知引起的。如果父母能够多给孩子创造一些感受和解决事情的机会，让孩子体会到很多事情并非想象中那么困难，相信孩子会慢慢变得胆大起来。

方法二，父母适当"偷懒"，给孩子独立自主的空间。

上初中后，父母把肖肖送进了一所封闭的寄宿学校。肖肖一个人来到宿舍，发现其他同学都已经整理好床铺了。肖肖和大家打过招呼后，开始铺床、叠被子，好一阵忙活，等他整理好的时候，已错过了吃饭时间。肖肖很委屈，很想打电话向父母抱怨，但还是忍住了，他暗下决心，一定要把自己的事情处理好。后来，他跟室友学到了很多东西，自己独立完成很多事情，做事也不再畏首畏尾了。

生活是最好的老师。教育界有句名言："如果把孩子的生命比喻成一把披荆斩棘的刀，那么挫折就是一块不可缺少的砥石，为了使孩子的生命这把'刀'更锋利，必须先摆脱父母过分保护的教育方式。"对于怯懦胆小的孩子，父母不用苦口婆心地讲道理，更不用时时催促他尝试、锻炼，只需当一个懂得放手的"懒家长"，或者给孩子制造一些"吃苦"的机会，孩子的坚韧性格自然会被塑造起来。

家长课堂

怯懦的性格并不是天生的,而是在后天环境中形成的。这就告诉我们,不要把孩子当成弱者,而要给他磨炼的机会,让他充分认识到自己的能力,勇敢地面对人生中的种种考验。

"我实在是左右为难。"——优柔寡断只会错失良机

晓东在期末考试中有了很大的进步,为了表示鼓励,妈妈准备带他出去旅游。但是,当妈妈跟他讨论出行路线的时候,他却说:"我都可以……妈妈你决定吧。"妈妈没办法,只好选了两条比较适合青少年的旅游路线来征求晓东的意见,谁知晓东还是很犹豫:"都行吧。随便,你说去哪就去哪吧。"

青春期的男孩本应是朝气蓬勃、积极上进、很有主见的,但到十几岁时却突然患上了优柔寡断的"毛病":不管做什么都举棋不定,不喜欢自己做决定;有时好不容易下了决心,旁边一有人提出不同意见就又动摇起来……

事实上,青春期男孩是一个矛盾的综合体,有时他们渴望拥有所有事情的决定权,但当决定权到了自己手中时,他们又很犹豫。这主要是因为,青春期的男孩虽然自我意识在膨胀,急于亲自动手解决事情,但他们的能力显然还不够,担心说错、做错之后别人会看不起自己。

如果孩子长期做事不果断、瞻前顾后,这种小毛病很有可能成为性格中根深蒂固的一部分,影响孩子的一生。因此,一旦发现孩子有这种苗头,父母应立刻予以重视,帮助孩子改掉做事优柔寡断的毛病。

方法一,经常把日常生活中的事情交给男孩决定。

不管是家人外出吃饭，还是出行时选择交通工具，甚至是请朋友到家里来做客，苏彤都常常让儿子小斌来决定，因为她近来发现小斌做事总是畏首畏尾。苏彤在交代小斌事情时，特意拖延到最后一刻才告诉他，这样小斌就不得不在最短的时间内做出决定。久而久之，小斌不但改掉了做事犹豫不决的毛病，而且对自己独立处理事情越来越自信，做起事情来也干脆多了。

父母不但要给孩子创造机会做决策，还要在孩子做出决策之后充分地相信他、支持他。父母既要给孩子放权，又要在放权之后充分尊重孩子的决定。

方法二，让男孩知道优柔寡断会错失良机。

冯云的儿子今年上高三了，成绩不是很好，人却长得高大精神。正当冯云为儿子的前途担忧之际，航空公司到学校来招聘培训生，被选上的同学以后有机会在航空公司工作。这是一个不错的机会。冯云希望儿子能报名，但她又不愿单方面为儿子做决定。当她询问儿子的想法时，儿子总是说"不知道""不确定"。眼看招聘的截止日期就要到了，冯云十分着急。这天，她给儿子讲了一个故事：一位农夫有5亩田，他无法决定是种豆还是种菜。种豆的话，他要搬运很沉的豆子去换粮食；种菜的话，他还要起早贪黑地赶集市去卖，两者似乎都有点缺陷。他考虑来考虑去，考虑得时节都过了，还没有买种子。最后，他那一年什么收获都没有。第二年，他只好卖地来换粮食了。

儿子听了若有所悟，对冯云说："妈妈，我决定去试一试，在培训期间做一个详细的了解，如果工作符合我的期望，那我就认真接受培训；如果前途一般，我就回来复读一年，再参加高考。这样既不浪费机会，又不会在工作无着落的时候失去退路。"冯云听了十分欣慰。

做事优柔寡断,最直接的后果就是错过眼前的机遇。机不可失,时不再来。立即行动是很多成功者的特质,父母应引导青春期男孩遇到问题要果断、及时地做出决策,把握稍纵即逝的机会。

父母要让孩子明白,在问题面前坚毅地做出决断并立即行动是非常重要的,即使做错了决定也没有关系。因为不做决定,就会失去向失败挑战的勇气和决心。父母也可以让孩子在一件不算太小,又没有太大负面影响的事情上"跌倒"一次。一次小小的教训,或许可以帮助男孩在摔倒的疼痛中改掉优柔寡断的坏习惯。

"我不想说话!"——摆脱孤僻自闭

有一天,妈妈给崇崇送忘带的试题册,赶到学校的时候正是课间休息,她走到教室门口,一眼就看见崇崇呆呆地坐在座位上,不跟任何人说话,而旁边的同学都三五成群地聊得火热。

晚上崇崇回家之后,妈妈问他为什么不和同学交流,崇崇表现得很冷淡:"因为我不想说话。"妈妈不敢多问,之后给崇崇的班主任打了一个电话,班主任告诉她,崇崇在学校非常"独",也很少见他在班里发言……

青春期的孩子喜欢独自待着,其实是心理正在迈向成熟的一种表现。这意味着孩子开始把自己的目光从外界转向自我,试图了解自己是怎么一回事,或者用来思考人生的价值和意义。这种意义上的"孤僻"其实是一件好事,父母应该予以尊重。不过,有的青春期男孩表现出来的"孤僻"令人担心,他们明显地排斥外界的人和事,总是压抑自己的情感,喜欢把自己封闭起来。对于有这类表现的孩子,父母一定要予以重视,及早疏导孩子的情绪,帮助孩子走出孤僻。

方法一,鼓励男孩多交朋友,积极参与户外集体活动。

一位母亲在家长论坛中分享自己的教育经验:

"我的儿子本来就有些内向,上了初中之后,我发现他更加喜欢一个人待着，很多时候看上去简直像一个孤僻症患者。我很着急，找到他们班几个比较活跃的孩子，请他们帮忙多约我儿子一起玩。这几个孩子都很善良，立刻就同意了。开始时，我儿子不大愿意，但他毕竟也是个孩子，禁不住同龄人三番五次地叫，就去了两次。谁知就是这么两次很随意的结伴玩耍，让他体会到了交朋友是件多么开心的事情。他幽默、豁达、开朗的一面被挖掘了出来，他那几个同学也很喜欢他。现在，他的朋友越来越多，几乎每个周末都有人打电话叫他出去。他的心情也和从前大不一样了。我悬着的心终于放下了。"

朋友是一个人心灵的慰藉，对于青春期的男孩来说，他们内心有着强烈的交友欲望。这时，父母可以当一个背后推手，将孩子推到外面精彩的世界中去结交朋友，而不是任由他们躲在自己的世界里顾影自怜。

方法二，求助于心理医生，帮助男孩摆脱孤僻。

研究表明，中国大部分人现在还很难从思想上接受看心理医生，因为他们觉得那代表着自己"精神有问题"，是一件很严重而且难以启齿的事情。实际上，每个人都有一定的心理问题，开始可能是很小的问题，如果不加以纠正，最后可能成为影响生活的大问题。如果青春期男孩长期处于孤僻、封闭的状态，父母一定要放下陈旧的观念，及时带孩子寻求专业帮助。

心理问题可大可小，千万不要认为孩子没有明显的症状，就对小问题视而不见，只有及时将小问题扼杀在摇篮里，才能避免大问题的出现。

对于性格孤僻的孩子，父母可以强化"邀请人"的行为。在创造了适当的交往环境后，交往行为就会发生。可以让孩子多和其他孩子共同活动，培养孩子对集体的热爱及归属感。

"他怎么总能吸引人们的目光?"——远离嫉妒

王森回到家里,把书包往地上一摔,恨恨地回了自己的房间。妈妈不知怎么回事,轻声询问王森,王森一脸怒气地说:"我那个同桌,就喜欢在大家面前炫耀自己懂得多!大家每次都能被他吸引!我说话的时候,大家从来没有那样看着我!我讨厌我同桌!"妈妈这才明白,王森是被嫉妒冲昏了头脑。她不禁有些担心:这已经是本周第三次了,儿子现在怎么那么容易嫉妒别人?

很多男孩的父母可能会有这样的体会:儿子到了十几岁,身体在迅速成长,心眼却越来越小,看不得别人比自己受欢迎;父母更是不能夸奖别人,否则他就像恋爱中打翻了醋坛子的人一样发作。有时孩子因为嫉妒而疏远同学、朋友,也导致自己的人际关系僵化。

这是因为,男孩到了青春期,往往会将关注外界的目光转移到自己身上,这时他会有强烈的表现欲望,希望自己成为焦点。如果有人将他的风头抢走,尤其是以这样的理由——比如朋友的帅气、同学渊博的知识、小伙伴的幽默,他会立刻产生反感。那么,父母该如何引导青春期男孩远离嫉妒呢?

方法一,让男孩明白"尺有所短、寸有所长"的道理。

这天,小智放学回到家,又是一脸的不高兴。妈妈关心地问道:"小智,是这次的考试成绩不理想吗?"小智回答:"不是,我比上次进步了两名。""那你为什么还不高兴呢?妈妈很替你高兴。""我还是考不过张帆,他的历史太好了!我怎么学都比不上他!"小智脸上明显现出了嫉妒的神情。妈妈轻轻拍了拍小智的头:"原来你是因为这个不高兴啊,我看大可不必。每个人都有自己的长处,张帆历史好,可你物理很棒啊!人只要有一技之长,并为之不断努力,能在这一个领域做出成就和贡献,就非常了不起了。为什么要拿自己的短处和别人的长处去比呢?你想想,大钢琴家,难道数学还特别棒不成?"小智一听,脸上的乌云立刻消散了。

青春期男孩都渴望自己是最优秀的,这其实是件好事,父母可以借此引导孩子向着优秀和卓越努力。但过于追求优秀,有可能导致孩子压力过大,或者产生嫉妒情绪。所以,对于特别要强的男孩,父母要经常提醒他:每个人都有自己的长处,做好自己就可以了,不必总想超过所有人。

方法二,告诉男孩嫉妒无益于成长,还会伤害友情。

轩轩眼看就要初中毕业了,班里的同学都在互送卡片以作纪念。这天,轩轩在家整理自己的卡片,他数了一遍,一共是32张。在一旁看电视的妈妈问道:"轩轩,你们班不是一共40个同学吗?除去你还有39个,你怎么只准备了32张卡片?"轩轩说:"有几个同学我很讨厌,就不送了。""哦?你和他们吵架了?""也不是。是事儿特多的同学,总在班里弹吉他,显得自己多厉害似的!"妈妈笑了,原来轩轩是嫉妒心在作怪。她想了想,正色说道:"儿子,妈妈认为,和有特长或非常优秀的人交朋友,是一件光荣而开心的事情。你以后的小世界会越来越丰富,还能从不同的人身上学到不同的东西。你说呢?"轩轩顿了顿,回答说:"妈妈,其实我知道自己这样做不好。那您再帮我买7张卡片吧!"

青春期男孩往往还带着很重的孩子气,一会儿可能会嫉妒别人,一会儿又与对方和好如初。他们情感丰富多变,对事物的判断还不是很准确。父母要做好对青春期男孩的引导,让他知道嫉妒之心要不得,要善于吸取他人的优点,同时不要吝啬对他人的赞美。这样不仅能够提升自己,还能赢得更多的友谊。

家长课堂

嫉妒心理不仅会导致免疫力下降,还会破坏人际关系,害人害己。所以,父母要引导孩子看到自己的长处,调整心态,客观评价自己,让孩子将嫉妒转化为前进的动力。

"我要以牙还牙！"——最高贵的报复是宽容

吃过晚饭，何莉收拾完桌子开始扫地，扫到儿子房间门口的时候，她听到儿子在里面声音激动地打电话："大牛，你明天叫两个人，我非得教训一下那小子不可！让他尝尝我的厉害，看他还敢不敢在我回答问题的时候取笑我！"何莉心里一惊：儿子这是要打架吗？为了那么小的事情，儿子竟然蓄意报复同学，太幼稚了。

十几岁的男孩都很好斗，而在男孩的打架斗殴事件中，有很大一部分是为了报复别人。那些所谓的"报复"理由，让父母觉得不值一提，笑孩子未免太过幼稚，担心孩子因此而犯错、受伤害。

那么，父母怎样让孩子排解报复心理呢？

方法一，教男孩做一个心胸宽大的人。

小凯今年上高二，因为班长向老师报告了他某天没交作业的情况，小凯叫了几个人，在班长回家的路上"报复"了他。虽然班长伤得并不严重，小凯也承认了错误，但这件事引起了小凯妈妈的高度重视。她跟小凯谈了好几次心，用生活中的实例告诉他一个道理：人生在世，会遇到很多的不如意，会跟无数的人发生大大小小的矛盾。绝大多数无关紧要的矛盾，往往是付之一笑或者忍一忍就过去了。即使是牵涉大问题的矛盾，也要通过理智的方式解决，绝不能动辄诉诸武力。如果一个人心胸不开阔，事事不肯让步，斤斤计较，那么他的人生就会步步艰难。

　　经过几次谈话，小凯渐渐有了理智的认识，也意识到自己的报复行为大错特错，并表示以后尽量做一个宽容忍让的人。

如果孩子对小事斤斤计较、总有报复心理，父母要让他学会换位思考，站在对方的角度去看待问题，摒弃报复心理。告诉他们人生有很多重要的事情，把美好的时光浪费在仇恨他人和计划报复上，是很不明智的。

方法二，让男孩明白报复别人最终是"报复"了自己。

　　美国有一个青年，年轻有为，拥有一个很大的庄园。有一天，两个顽劣的少年将汽油围着庄园洒了一圈，然后用火点着，结果庄园被烧毁，庄园主也被烧死了。当消防员和附近的人纷纷赶来救援的时候，两个少年才知道自己犯了多么大的错误。他们面对着庄园主的母亲，害怕得直发抖，不敢抬头。大家都安静地看着，以为这个失去儿子的老人会发疯般地向少年追讨，谁知老人却含泪说道："我原谅你们！你们现在的感受一定也很糟糕。"这两个少年深受震撼，从此改掉顽劣，积极向上，成了十分优秀的人。

试想一下，如果老人要求严厉惩罚这两个少年，那老人也不一定能减轻痛苦。因为没完没了的怨恨会将人吞噬，让人看不到人生的美好。因此，父母要告诉孩子，宽恕别人是一个人最可贵的品质之一。怀有一颗宽容的心，不计较不报复，便能看到最美好的人生。

家长课堂

　　人生的风景分为两种，一种是赏心悦目的，一种是愤恨不平的。父母要让孩子明白，如果眼睛只盯着负面的东西，就没有精力好好享受那些正面的、积极的东西。报复并不能给自己带来愉悦，选择美好才是对自己最好的爱护。

第四章

情窦初开,少年维特之烦恼

——做好爱情萌芽期的引导

生理和心理开始向成年人过渡的青春期男孩,情感上也会产生一些大的变化。他们开始将目光转移到女孩身上,原本两小无猜的真挚友谊,在男孩眼中发生了微妙的变化。这个时期,男孩开始对女孩的身体感到好奇,对两性之间的关系既渴望又羞怯,对恋爱有了朦胧的期待。面对青春期男孩那些微妙的感情,父母该怎样处理呢?

"她长得真漂亮!"——对异性开始产生好感

从夏令营回来后,徐阳总是到邻居家去找丽丽玩。妈妈见状,故意开玩笑道:"你怎么总去找丽丽啊?"徐阳不假思索地说:"她长得很漂亮!"妈妈想,儿子刚13岁就知道找漂亮女孩了,是不是太早熟了?

青春期男孩对异性产生好感,一般发生在13~14岁。他们会在女孩面前表现出一种抑制不住的亢奋。而青春期女孩也会特别注意自己的仪容仪表,说话、走路的姿势也刻意表现得更为女性化、成人化,待人处世也显出特有的矜持。

青春期男孩和女孩的一个共同点是乐意参加有异性参与的各种社会活动,并且极力在异性面前发挥自己的最佳水平。这种男女生愿意接近、互相吸引的心理,是青春期心理发展的必经阶段,对于消除异性之间的神秘感和紧张情绪,增进男、女生的团结和友谊十分有益。

对青春期男孩来说,这种对异性的喜欢若只停留在表面,那是正常的,但如果任其发展,可能会导致一些问题,比如早恋、过多关注女孩等。那么,父母如何才能让孩子处理好自己的情感,避免发生早恋呢?

方法一,不要禁止男孩和女孩来往,不要对他们之间的来往过度敏感。

妈妈发现周南和某个女孩来往较为频繁的时候，也怀疑儿子是否早恋了。她本想明令禁止儿子和那个女孩在一起玩，但转念一想，处于青春期的男孩都很叛逆，自己越是禁止，他可能越要这样做。于是，她不但没有反对儿子和女孩来往，还很大方地请儿子的男同学和女同学一块来家里玩。观察一段时间之后，周南的妈妈放心了，原来儿子并没有早恋。她不禁庆幸自己当时没有过多干涉，否则结果可能就是另一个样子了。

青春期男孩反叛情绪较重，父母越是禁止的事情，他越是想做。所以，与其让孩子跟自己对着干，不如去支持孩子。当父母真的站在孩子的立场上考虑的时候，就会发现事情并非自己想象的那么糟。

方法二，告诉男孩要注意分寸。

陈特今年上初二，据老师反映，他最近跟一位女同学走得很近，两人经常一起聊天、吃饭、回家。

某天吃饭的时候，妈妈假装不经意地提起这件事。她说："老师说你和晶晶的关系很好，是吗？"陈特听了不由一阵紧张，筷子差点滑落。妈妈接着说："其实我不反对你们交朋友，你跟谁谈得来就可以跟谁做朋友，不用刻意分男女。不过，妈妈希望你明白，你们之间的感觉只是同学之间互有好感，而不是某些人认为的恋爱关系。你们可以一起聊聊天、吃吃饭，这都没什么，但妈妈希望你一定要把握好'度'。"陈特听了，会意地点了点头。

后来，妈妈又请老师观察了一段时间，老师说陈特和那个女同学还是经常在一起，但他们像好朋友一样相处，并没有过分的亲密举动。

青春期的孩子正处在情感的萌发期，对异性充满好奇和兴趣，父母不妨在某种程度上支持他们，但一定要给孩子一个明确的界限。过分严格和过分纵容，都可能使事情朝坏的方向发展。

　　人是视觉动物，都会对漂亮的事物产生兴趣。青春期男孩也容易对外表美丽的女孩产生好感。父母应该给予孩子欣赏美的自由和权利，不要一味制止。男孩对女孩的感觉，也许只是单纯的好感，并不像大人想的那样复杂。但是，父母要引导孩子，与女生交往保持一定距离，不要让纯洁的友谊变了味道，这样的交流方式有益于男孩的身心健康成长。

"她的曲线好迷人。"——开始关注异性的身体

升入初中后，小伟认识了很多新同学，其中最让他关注的是几个亭亭玉立的女生，他很喜欢和这些女孩聊天，每次看到她们的身体都会有些"心动"的感觉，有时候上课也忍不住看得出神。另外，他对荧幕上的异性身体也很关注。由于无法控制自己的眼睛和想法，小伟开始怀疑自己的心理出了问题。

童年阶段的孩子性别意识并不强烈，但进入青春期后，男孩见到异性时开始知道害羞了。他们表面上不好意思和女孩说话，但目光却长时间地停留在女孩身上。

青春期男孩对于女孩身体的关注，表明他们正在向一个健康的成年男人过渡。青春期女生的生理变化尤其突出，身体曲线变得优美，很自然地会让男孩产生更多的关注与好奇。此时很多男生会怀疑自己的心理有问题，并由此产生羞愧与自卑的心理，进而刻意隐瞒。

对此，父母不必过于担心，因为这是青春期男孩的必经之路。不过，为了防止男孩过度关注女孩的身体，发生早恋或者其他不健康的行为，父母需要正确引导男孩的好奇心。

方法一，除了介绍青春期男孩的生理变化之外，也把青春期女孩的生理变化告诉他，以降低他对女孩身体的好奇度。

李女士整理儿子的房间时，在枕头下面发现了一本画册，里面的内容大多是关于女性的，甚至有一些偏色情的内容。这让李女士很生气，但冷静下来后，她想，孩子已经上高中了，平时自己和孩子也没有关于这方面知识的交流。几天后，李女士将一本关于女性生理知识的书籍偷偷地放在了儿子的枕头下面，里面还附了一张纸条："我的儿子对人体生理感兴趣，这是不是说我的儿子将来会成为一个出色的外科医生呢？你想了解的人体生理，都在妈妈给你买的这本书里。"

在对青春期男孩进行生理教育的同时，父母还可适当介绍一些女孩的发育特点，让男孩知道这都是成长的标志，对异性产生好感也是正常的现象。

方法二，鼓励男孩和女孩交往，不要禁止他和女孩说话。

周梁在班上人缘很好，而且他对待女生的态度很大方，不像有些男生那样喜欢聚在一起悄悄议论女生的"身材"，也从来没有和哪个女生有过分亲密的举动。有一次家长会后，班主任向周梁的妈妈询问教育的秘诀，周梁的妈妈说："我总是告诉孩子要多交朋友，男生和女生都一样，自己行为大方，别人自然不会误会自己。"

青春期的男孩本就朝气蓬勃，父母不必为此而烦恼，孩子只有多交朋友，性格才会开朗，在与朋友的相处中慢慢走向成熟。

家长课堂

青春期男孩对异性往往既有好感又好奇。对于孩子的好奇心，父母不能一味地打压，适宜地疏导孩子可以事半功倍。另外，与孩子大方地讨论一些有关异性的话题，也能使孩子从过分的好奇中挣脱出来，以健康的心态面对身边的异性。

"我好像喜欢上她了！"——挥之不去的单相思

李静到学校开家长会的时候，发现儿子派派有点"不正常"，他不听老师的发言，时不时地歪着头看向不远处的一个女同学，当那个女同学回头时，他又赶紧看往别处。李静偶尔跟他说一句话，他就像没听见似的。李静暗自琢磨，派派难道在跟那个女孩谈恋爱？她又观察了那个女孩一会儿，发现女孩自始至终都没有看过派派，而是在认真地听老师讲话。李静突然意识到，自己的儿子陷入单相思了。

青春期男孩对异性产生爱慕之情，是成长过程中必然会经历的一个阶段，也是生理与心理成熟的标志，不能简单地以好与坏、善与恶来加以评价。

一般而言，当青春期出现单相思现象时，往往会随着学业和生活中其他因素的干扰、影响，渐渐无疾而终。当然，也有一部分男孩深陷其中，不能自拔。

假如单相思已经严重影响到男孩的学习和生活，父母应及时引导青春期男孩正确处理遇到的感情问题。

方法一，以尊重男孩的情感为前提进行沟通。

妈妈发现崔飞最近心事重重，决定套一套他的"小秘密"。

这天，妈妈叫崔飞来帮自己择菜，妈妈一边择，一边装作不经意地问道："飞飞，你都高三了，也算是个大人了。来，跟妈妈说说，你有喜欢的女孩吗？"飞飞的脸一下子红了："妈，你怎么问这个？""说说吧，没什么不好意思的，你也不小了，这很正常。"崔飞信以为真，而且也想找个人分享自己的心事，就坦白地说："我的同桌，人挺好的……"崔飞话还没说完，妈妈的脸色就立刻变了，气愤地说："你还真有啊？你都高三了，马上就要高考了，你想什么呢？你才多大啊，知道什么叫喜欢吗？我现在就给你们老师打电话，让他给你调座位！"崔飞又气又羞地嚷道："我还以为你能理解我！你是大骗子！你要是敢打电话，我就离家出走！"

这件事之后，崔飞下定决心，再也不跟妈妈说心里话了。

花季少男少女的心思细腻而敏感，他们对自己的情感视若珍宝，渴望获得他人的理解和尊重。所以，父母千万不要对孩子的感情嗤之以鼻，一定要在尊重孩子的前提下进行沟通和引导，否则会招致孩子的反感和排斥，甚至影响孩子对父母的信任。

方法二，鼓励男孩多参加课外活动，分散精力。

很多男孩陷入单相思后，生活和学习都乱了套，甚至产生了一些不良的行为或欲望。对此，父母可以鼓励孩子多参加课外活动，比如看电影、外出旅游等，将孩子的注意力转移到其他事情上，从而消除单相思的烦恼。

方法三，多与孩子交流，分享心事。

青春期男孩往往不喜欢和别人分享心事，尤其是情感问题。他们习惯于把苦恼和烦闷埋在心底，独自品味，导致自己长期处于苦闷中，严重影响身心健康和学习成绩。对此，父母要多与孩子交流，倘若孩子不愿意沟通，可以让孩子向亲戚朋友倾诉，或者以写日记的方式减轻心理上的负担。如果这些方法都无效，还可以寻求心理医生的帮助。

 **家长课堂**

父母可以主动和孩子一起讨论爱情,以消除他对爱情的神秘感和好奇心。同时,父母可以列举生活实例,引导孩子树立正确的爱情观,帮助孩子走出单相思的困境。

"我和她关系很好!"——善待青春期的朦胧情感

正上高二的同同最近非常困惑,觉得自己好像爱上了班里的音乐课代表小丽。他觉得小丽的笑容非常甜美,对自己的态度也很热情,他喜欢和小丽在一起,并且觉得小丽也喜欢和自己在一起。

青春期男孩之所以对异性产生爱慕,与他们体内分泌的荷尔蒙有关,这个时期的孩子对于友情和爱情始终是好奇和懵懂的。如何引导孩子正确对待自己的"恋情",是父母必须要做的功课之一。

方法一,帮助男孩分清爱情和友情的界限。

小伟在妈妈的眼里一直是个非常听话的孩子。有一天,妈妈无意间看到儿子的日记,上面写着这样一段话:"我非常喜欢她,我觉得她也喜欢我,我希望她能够时刻陪在我的身边。我好像快要疯掉了,现在我满脑子都是她……"通过小伟的日记,妈妈意识到儿子早恋了。她想小伟的内心此时也一定在挣扎。为了不让"早恋"影响小伟的学习,妈妈决定跟小伟进行一次谈话,她告诉小伟:"对女孩有好感是一种正常现象,但这种亲密的友谊关系,可能并不是爱情。"接着,妈妈跟小伟讲了一些友情和爱情的区别……

青春期男孩对于友情和爱情的概念还很模糊,父母需要让孩子认识到,友情和爱情容易混淆,二者有很大的区别:爱情具有专一性、自主性、持久性、排他性,而友情具有广泛性、阶段性、公开性。

方法二,为男孩营造轻松的交友环境。

争争是一个乐观开朗的孩子,平时很喜欢结交朋友,跟同学和老师相处也很融洽,这让爸爸妈妈感到非常欣慰。但是,争争进入青春期之后,爸爸发现他和班上的一个女孩走得很近,连他的班主任也打电话来,说争争可能早恋了。很快,争争也觉察到爸爸知道了自己的"秘密"。这天,争争鼓起勇气跟爸爸坦白:"爸爸,我跟她是非常要好的朋友,我喜欢她,觉得她跟其他女孩不一样。"爸爸见争争这么勇敢,并没有责怪他,而是语重心长地告诉他:"爸爸不反对你们交朋友,但是爸爸希望你保持交往的尺度,克制内心的欲望,你要对自己未来的人生负责,这样爸爸才能放心啊!"争争听了爸爸的话,学习更加努力了,个人的感情问题也处理得非常好。

父母要帮助孩子在交往中建立纯洁的友谊,千万不要给孩子灌输男孩和女孩交朋友就是谈恋爱的狭隘观念,而要为孩子把控好方向,拿捏好尺度,为孩子创造一个轻松而开明的交友环境。

家长课堂

青春期男孩对异性产生好感,并将友情误解成爱情是正常的现象。父母需要帮助孩子分清友情和爱情的区别,同时鼓励并参与孩子的交友活动,不曲解青春期男孩与女孩的正常交往,只有这样,孩子才能以愉快、轻松的心情处理与异性交往的问题。

"音乐老师真好!"——崇拜不等于爱

16岁的小强最近喜欢上了自己的音乐老师。他在日记中写道:"我也知道不能跟她表白,但是我却控制不住想她。我不知道自己怎样才能走出这种状态,因为喜欢她又不能表白,也不能在同学面前表现出我喜欢老师的样子,真的很苦恼。"

进入青春期后,随着生理的逐渐成熟以及性意识的觉醒,很多男孩会表现出爱慕优秀成熟女生的心理,这种情感是正常的。但是,这种情感并不成熟,主要是出自崇拜。当男孩出现这种情形时,父母要让他明白崇拜和爱的区别。这种感觉大多是一种青春期朦胧的迷恋,或者是对老师才华的钦佩。

要让孩子从这种不切实际的迷恋或崇拜中走出来,父母可参考以下做法:

方法一,让男孩清楚地认识到那是崇拜,不是爱。

张燕发现儿子迷恋上了他的数学老师,并深陷其中无法自拔。张燕找了个合适时机,给儿子讲了这样一个故事:"我上初中的时候,也曾经很喜欢我的历史老师,他长得很帅,知识渊博,好像没有他不懂的事情。我总是盼着上历史课,晚上回家后也一直想着他。我以为自己爱上了历史老师。有一次,历史老师把我们挨个叫到办公室，检查我们背书的情况，我很兴奋，因为能和他单独相处。当我看到他坐在办公桌前，眼睛里一点光芒也没有，像台电脑一样机械地给我出题，我突然明白了，我对他的感情根本就不是爱，我只是喜欢他在讲台上讲课的神态。从那以后，我再也没有那么期待上历史课了，他在我眼里就和其他的老师一样。"

这位妈妈非常聪明，她没有拆穿孩子，也没有粗暴地禁止儿子对老师的情感，只是通过讲述自己的经历让儿子自己去体会。试想，儿子听了妈妈这么诚恳的一番话之后，会不会也对自己的老师产生不一样的看法呢？

方法二，给予男孩更多的关爱。

在发现儿子对某个女老师很着迷的时候，妈妈先别急着骂孩子"不学好""变态"，应先反省自己与儿子是否有着融洽的母子关系。心理学研究证明，那些"忘年恋"中较小的一方，往往是在小的时候缺失父爱或母爱，所以才在潜意识中寻找一个比自己大很多的人来弥补那份缺失。

方法三，寻求老师的帮助，一起说服引导男孩。

青春期男孩对老师产生朦胧的感情，大都是因为这个老师身上有吸引孩子的独特魅力。所以，发现孩子对老师产生爱慕之情后，父母可以求助老师，让孩子最崇拜的人引导他将精力放在正确的地方，从而帮助他走出这段不成熟的感情。

爱的含义很复杂，青春期男孩也很难清楚地分辨崇拜与爱。但只要父母引导得当，便能让男孩随着年龄的增长渐渐明白爱的真谛，走出青春的雷区。

家长课堂

成熟的人身上有一种独特的魅力，老师是青少年最熟悉的楷模，学生对老师的感情往往会由尊敬、爱戴转向喜欢。这就需要父母引导孩子把这种喜欢认定为崇拜，学会用审视的态度看待老师，克制自己的情感，必要时寻求心理辅导员的帮助，努力把孩子从偏离的轨道上拉回来。

"我很想保护她!"——小男子汉的英雄情结

在中学校园里,常常能听到男女同学之间"哥哥""妹妹"的叫来叫去。不知道的人看了,还真以为他们是有血缘关系的亲兄妹。很多老师和父母也很困惑,难道他们是在打着"兄妹"的幌子谈恋爱吗?

互认"兄妹",其实与青春期孩子的生理特点也有关系。男孩到了青春期,身体快速发育,变得越来越强壮,那种想要保护弱小的"英雄主义"冒了出来;而女生则越来越女性化,那种女性的娇柔和依赖性也会表现出来。男生和女生,一个想保护别人,一个想要被保护,于是一拍即合,结拜成了"兄妹"。这在大人看来或许很滑稽,但它确实是出于孩子的需要"应运而生"的。

由上可知,互认"兄妹"的双方,只要两人没有走得太近,没有跨越学校的规章制度和男女之间的界限,父母不妨放宽"政策",让孩子的保护欲在这段关系中得到合理的释放。

当然,父母也要让孩子知道,保护别人应该在一定的范围之内,不要没有原则地保护对方,也不要动用武力。

吴雄在学校认了一个"干妹妹",事事都为她出头,对她很好。父母听说这件事后,决定先按兵不动,观察一段时间。他们发现,吴雄对那个"妹妹"好得有点过头:每天上学的时候,吴雄要给"妹妹"买饭买零食,放学还要送她回家;学校里只要有人敢多看"妹妹"一眼,吴雄就立刻上前制止,有时甚至对别人拳脚相加。老师几次把吴雄的父母"请"到学校,希望他们能教育好吴雄。父母很无奈,跟吴雄谈了很多次,但他坚持说不能不管她。

后来,父母给吴雄写了一封信,信中说道:"儿子,你是一个很有责任感和正义感的男孩,我们都以你为傲。你想保护同学,我们很支持你。但是,我们希望你不只是'一个人的英雄',不是把一个人保护在你的拳头之下。你应该是'所有人的英雄',是那些真正需要你的人的'英雄'。另外,英雄不是靠武力出名的,他们靠的是正义、智慧和勇气。"

从那之后,吴雄果然变了很多,不再只"罩着"自己的"妹妹"了,而是开始帮助更多真正有困难的同学。

严格来说,青春期男孩"认妹妹""保护妹妹"的行为,是一种身心发展不平衡的表现。我们可以效仿吴雄的父母,告诉孩子这个道理,帮助他树立乐于助人的观念,而不只是认一个妹妹来保护。

家长课堂

孩子有正义感、有保护别人的责任感,其实是一件好事,只不过认"妹妹"的行为并不恰当。对此,父母可以引导孩子将这种保护欲放在家人和真正需要帮助的人身上,使他付出的努力更有价值。

"她说对我没有感觉了！"——失恋的痛苦

这天，妈妈正在上班，突然接到晓军的班主任打来的电话——晓军在学校和同学打架了。这个消息对妈妈来说实在太突然了，因为晓军平时是一个听话、乖巧的好孩子，怎么会和人打架呢。

妈妈匆忙赶到学校，经过了解才知道打架的起因是一个女孩子。晓军和那个女孩确立了恋爱关系，不久女孩却说自己对晓军没感觉了，要和他分手。晓军心情十分低落，看到女孩和另一个男孩很亲热地在一起聊天，一气之下就动手和那个男孩打了起来。这时，妈妈才知道晓军最近总是无精打采，学习成绩也有退步，原来是因为"失恋了"。

早恋虽然不是什么罪大恶极的事情，但青春期的男孩本来情绪就易变，心智还没完全成熟，对待感情也没有理智的认识，一旦一段"恋爱"关系结束，对孩子的打击是很大的，并有可能产生一系列恶劣的后果，比如上述事例中的打架滋事，甚至有一些心智脆弱的孩子"为情自杀"。

从父母的角度来说，他们当然不会鼓励孩子早恋，但假如孩子早恋既成事实，并且在这段关系中受到了"情感伤害"，父母该怎样帮助孩子走出情感的阴影呢？

一段时间以来，小臣每天都兴高采烈的，但这几天他突然像变了一个人似的，总是愁眉苦脸的。妈妈关切地过去询问，发现他在纸上写了很多大大小小的"失恋"。妈妈本想责怪他不该早恋，但还是决定先安慰他一下。她对小臣说："爱情是一种很美好的情感，但它有时就像镜花水月，只能远远看着，却无法拥有它，就像你现在这样。当然，这样的情感并不值得我们伤感，因为它本来就不属于我们，何谈失去！"小臣意外地看了看妈妈，妈妈接着说："也有一些感情就像磐石，是永恒的，是可以被我们实实在在地感知的。不过，那需要在你变得更成熟之后，才能分辨出它们。现在你要做的，就是忘掉这些恼人的事情，多做一些有益、有趣的事情。"小臣抬起头说："妈妈，我明白了，我会振作起来的，到了可以恋爱的年龄再去寻找一段真正值得我珍惜的感情。"

青春期孩子的"早恋"，不过是强烈欲望之下的"尝鲜"，尝到的除了些许甜蜜，还有苦涩。这时，父母可以顺势利用这一点，告诉孩子青涩的果子不好吃，还可以趁机教导他们，要等到合适的年龄再恋爱，这样才能找到真正属于自己的美好情感。如此一来，父母既能帮助孩子排解"失恋"带来的忧伤，还可以避免孩子再次陷入早恋的泥沼。

家长课堂

孩子早恋并不可怕，关键是父母怎样看待和指引。当孩子在恋爱中失意时，如果能妥当处理这些负面情绪，证明孩子已初步成熟。青春期就是要让孩子学会爱与被爱。学会爱，才会更好地保护自己，更好地成长，而不至于因为不知道怎样处理这种微妙的情感而耽误正常的学习和生活。

"我们能见面吗?"——迷上网中情

这天小奇放学回到家里,突然对爸爸说:"爸爸,能给我100块钱吗?我在网上认识了一个女孩,我们很投缘,约好了这个周末见面,一起去爬山。"爸爸听了非常生气:"不行,你不能去!我坚决不同意你见网友,你要是非得去,就别回来了。""你为什么不同意?交朋友是我的自由!你不给我钱,我就自己想办法。"爸爸见小奇是铁了心要见网友,便开始苦口婆心地进行劝说,可还没等他把话说完,小奇已经夺门而出了。

步入信息社会,越来越多的孩子开始穿梭在网络虚拟世界。他们和网友容易日久生情,产生见面的冲动。但是,一项针对未成年人的教育问题展开的调查结果显示,对于孩子单独外出,55%的家长持反对态度,尤其是见网友。他们担心孩子上当受骗,担心孩子与网友发生不当关系,影响健康成长。

青春期是荷尔蒙分泌旺盛的时期,这个时期的孩子容易对异性产生好感。当他们在现实生活中遇到不顺心的事情时,不愿意向父母倾诉,这时网络就成了他们倾诉的最好平台。另外,如果平时父母对孩子缺少关注,也会导致孩子因渴望被关注,转而寻求网络慰藉。

所以,一味制止孩子交网友和见网友是不明智的,容易让孩子产生逆反心理。那么，正确的做法是什么呢？

方法一，正确引导，给男孩支持和信任。

当儿子说要跟网友见面的时候，一个妈妈是这样做的，她说："妈妈可以让你去见这个网上的朋友，但是妈妈很担心你的安全，如果你要见他的话，妈妈陪着你去好吗？妈妈在远处看着就可以，不干涉你的自由，知道你安全了妈妈就放心了。"征得孩子的同意之后，这位妈妈就陪孩子一起去了。后来，儿子告诉妈妈，那个网友和他一样非常喜欢打球，也很喜欢研究古代历史。

这位妈妈不仅让儿子如愿以偿见到了网友，还间接了解到了儿子的兴趣爱好，何乐而不为呢？所以，父母应正确引导孩子，教会孩子辨别善恶，提升孩子的判断能力，还要学会信任孩子，相信他有结交好朋友的能力。

方法二，让男孩学会自我保护。

暑假时，小南说要去上海见一个网友，这可急坏了小南的妈妈。几经劝说无效后，妈妈只能嘱托远在上海的朋友帮忙照看小南。妈妈还准备了手机，让他在遇到困难时候拨打朋友的电话求助。为了不让妈妈担心，小南到了上海之后，把自己跟网友见面的地址和时间发给了妈妈的朋友，并采纳妈妈的建议，随身携带防身工具。

网络是一个虚拟的世界，很难判定谁是好人，谁是坏人。所以，父母一定要让孩子提高自我保护意识，并教会孩子一些自我保护的方法，把危险降到最低。

家长课堂

孩子的世界是纯净的,面对孩子网恋的问题,父母不妨多给他一些信任和理解,了解他内心真正想要的是什么,给他更多的关心和呵护。另外,父母要教会孩子一些自我保护的方法,尽可能让孩子快乐、自由地交朋友。

"我觉得那样很美妙。"——不由自主的性幻想

某家长论坛上,一位妈妈道出了最近的烦恼:一天,她无意间看到儿子在电脑上写的日记,本着尊重儿子隐私的态度,她原本打算关掉儿子的日记,但里面几个扎眼的字却让她大吃一惊:"……抱住、亲她的冲动。"她忍不住看了起来,原来儿子在幻想和班里某个漂亮女孩发生逾矩行为!

这位妈妈苦恼极了,她怎么也想不明白,儿子平时看起来很乖,怎么会想这些乱七八糟的东西呢?

生活中,很多人谈"性"色变,更别说自己的孩子偷偷幻想性行为了。大多数父母都会因此担心孩子的心理有问题。父母的心情虽然可以理解,但大可不必"如临大敌",急于"斩草除根"。

青春期男孩经历着身体的巨大变化,也目睹着身边女孩的身体变化。同时,在荷尔蒙的驱使之下,他们会幻想与异性亲密接触。但他们知道自己不应该发生那样的行为,因此只能在幻想中满足自己的好奇心和探索欲。

适度的性幻想对青春期男孩并无大碍,一旦过度则会伤害身心健康,甚至误入歧途。因此,父母一定要多关注男孩,在理解的基础上做好引导和教育。

孙旭进入初二后,出现了明显的青春期特征。为了避免孙旭因为对性的好奇而犯错,爸爸准备了一个带锁的笔记本,并在第一页写道:"儿子,将那些令你困惑的青春期问题写出来,不要把它们藏在你的心里。如果你需要找爸爸咨询,可以随时写出来,我会认真对待你的问题,不会对你有不好的看法。我很理解你的困惑,因为我和你一样曾经是青春期男孩。"

父母的理解是孩子最大的精神支撑,很多孩子把困惑藏在心里,就是因为害怕父母不理解自己,把自己看成坏小孩。如果父母能真诚地倾听,孩子就不会将关于性的问题深深埋藏起来,他们会在需要的时候主动寻求父母的帮助。

另外,即使孩子羞于开口,上述那位父亲的做法——让孩子把困惑写在日记里,也是可取的。人的情绪除了可以说给别人听,还可以写成文字,同样能起到发泄和倾诉的作用。

即使真的发现孩子有"性幻想"的行为,父母也要努力保持冷静,不要责怪孩子,更不要把"流氓""无耻"等字眼加到孩子头上,否则,孩子会自责和害怕。父母要先表达对孩子的理解,再告诉孩子怎样摆脱"性幻想",在不伤害孩子的前提下纠正他的行为。

"这些图片真带劲!"——远离色情暴力

爸爸发现成成最近经常关在屋子里玩电脑,问他在干什么也不说。为了更好地了解儿子,爸爸趁成成去上学的时候,检查了他的电脑,想知道到底有什么秘密。这一看却让爸爸愣住了!原来,成成的电脑里全是色情图片,还有不健康的黄色网页。爸爸非常生气,等成成放学回来之后劈头盖脸地骂了他一顿。成成的自尊心受到了伤害,从此变得沉默寡言,而且更加自卑了。

进入青春期的男孩,难免会产生对"性"的渴望,这是因为他们的身心发生了巨大的变化。而对于传统的中国父母来讲,跟孩子谈"性"太难为情,无法启齿。一旦发现孩子浏览不健康的网页,父母便担心孩子学坏,于是采取不理智的做法,最后伤害了孩子。

其实,青春期男孩对异性的身体出现好奇是正常的,作为父母,首先要给予理解,并尝试与孩子交流,不能让孩子觉得谈论"性"是不光彩的事情。

在男孩的性教育问题上,父亲要扮演重要角色。只有多和孩子沟通,对彼此之间的关系有信心,才能帮助孩子安全度过青春期。

方法一,通过青春期书籍进行性教育。

爸爸发现亮亮最近经常看色情杂志,还浏览一些不健康的网站,他意识到儿子已经长大了,对"性"有了好奇心。由于担心亮亮犯错误，爸爸买来一些青春期读物放在亮亮的书桌上，并且在"性教育"的部分做了重点标注。亮亮看到爸爸买给自己的书，起初很不好意思，但还是对爸爸的理解表示了感谢。

"等孩子长大了，自然就明白了。"这种刻意回避的做法并不可取。面对孩子对"性"的好奇心，父母不能视而不见，如果实在不好意思亲自跟孩子谈，不妨挑选一些青春期读物，让孩子自己学习。

方法二，营造一个绿色的网络环境。

这天，妈妈下班回到家，发现小东正在浏览一些不堪入目的黄色网站，她十分生气，本想好好训斥小东一顿，但还是很快恢复了理智，心平气和地问道："小东，这些网站是不健康的，而且也是非法的，告诉妈妈，你是怎么找到这些网站的？"小东一脸迷惑地说："妈妈，这是我玩游戏的时候自动弹出来的，我就直接点开了。"听到小东这么说，妈妈突然意识到要加强网络环境管理，只有让孩子远离色情网站，才不会让孩子的心理健康受到影响。

孩子在学习或者玩游戏的过程中，由于没有网络安全的意识，导致一些黄色网站的病毒侵入电脑。作为父母，不仅要关心青春期孩子的学习和教育问题，还要为孩子创造一个健康、绿色的网上学习和娱乐环境。

家长课堂

青春期男孩随着身体的变化，心理也会产生变化，开始对"性"好奇。父母不能回避性教育问题，更不能制止孩子对"性"的探索。理解孩子，为他们讲解正面的性知识是非常有必要的。另外，多让孩子进行一些体育运动，既分散注意力又消耗体力，也是不错的选择。

"我想吻她。"——渴望发生性行为

在网络日益盛行的今天，一位妈妈为了更好地了解儿子，也申请了一个QQ号，并把儿子加为好友。有一天，妈妈在儿子的空间主页中看到了一句"我想吻她"的心情短语，不禁大吃一惊，连忙问儿子这是怎么回事。儿子却很生气地回答："空间是我写自己心情的地方，如果你不能尊重我的心情，那就删掉'好友'！"儿子这么早就"喜欢"上了班里的女孩，居然还渴望和对方发生亲密举动，这让妈妈感到十分苦恼。

男孩还小的时候，注意力一般会放在父母身上。但上了初中之后，他们会开始对女孩感兴趣，甚至渴望和对方发生亲密行为。

父母也不必对孩子的性冲动大惊小怪，孩子的生理在变化，性冲动的产生是雄性激素分泌旺盛的结果。

这个时候，父母有必要让孩子了解自己的生理特点，正确认识性冲动。只有在客观认识的基础之上，孩子才有可能理智地处理自己的性冲动。

方法一，让男孩了解关于性冲动的相关知识。

爸爸发现上高二的儿子总是偷瞄女性的身体，于是，他给儿子买了一本青春期读物，并且在"性欲、性行为，以及性行为所产生的后果"这一章节上作了标注。

孩子不断产生性冲动，对他自己其实也是一种困扰。而这种负面的情绪，有可能驱使孩子犯错。这时，父母不可"讳疾忌医"，要直接或间接地与孩子沟通，帮助孩子消除顾虑。

方法二，告诉男孩过早发生性行为的后果。

标标有一次叫同学来家里玩，其间，爸爸打来了电话。标标接通电话时，他的一个同学没有察觉，继续很大声地说："原来标标想和王婷发生关系啊！"爸爸在电话那头听到后，大吃一惊：孩子们怎么在讨论这个呢？他挂掉电话之后，想了一会儿，觉得有必要让标标知道过早发生性行为的危害。于是，他从网上搜集相关资料，整理成一篇文章，发到了标标的邮箱里。两个小时后，标标回复了一封邮件："爸爸，我知道了，我会将精力放在学习上。"

青春期男孩的各项生理指标还未发育成熟，过早发生性行为会给身心带来莫大的伤害。所以，父母不要因为害怕尴尬，避而不谈，一定要将这些利害关系提前告知孩子。

 家长课堂

青春期男孩并非一意孤行的"顽固派"，也不是完全不顾后果的"冲动派"，父母要抛掉陈旧的观念，与他进行开诚布公的交流，不回避，也不鼓励，让他了解性行为可能造成的危害，防患于未然。

"我们彼此相爱。"——懵懂爱情的"堵"与"疏"

李哲的妈妈向朋友诉苦说:"我发现17岁的儿子今年变了很多,时不时和我顶嘴,还甩脸子,学习成绩也大不如前,而且买衣服都要买名牌,总关注自己帅不帅。我说了他好几次,但一点作用都没有。前几天我偷看儿子的日记,吓了一跳,原来他和班里的一个女孩正打得火热。我打算劝说孩子不要因为谈恋爱而影响学习,没想到一提这事他就激动地说:'这是我自己的事,你们不要管!'"

类似的例子现实中有很多,青少年的感情处于不成熟期,通常分不清性吸引、好感、友谊与爱的差别。

所以,当父母意识到孩子有了喜爱的女孩,不要惊慌,因为这个讯号说明孩子长大了,有了自己的想法。但是,也正因为这个时期感情的不成熟,青春期男孩还无法正确处理好自己的情感,所以父母要引导孩子正确看待萌发的情感。

方法一,告诉男孩应该在适当的年龄做适当的事。

有位老师给一个早恋的男孩讲过这样一个小故事:

有一个人搭乘一辆车,这辆车在到达目的地之前,中间会停靠很多站。沿途的风景都很美,他不断产生了下去观赏一番的想法。但最终他都忍住了，因为他知道，那不是自己该下车的地方。如果贪图一时的美景，那么即使再上车，也不可能在准确的时间到达目的地；即使稍后同样到达了，但目的地的风景也已经大不一样。

这个故事跟恋爱的道理是一样的。青春期男孩的骚动，与成人之间以婚姻为导向的恋爱相去甚远。所以要在这个美好的年龄，去做更有意义的事情。

方法二，给予男孩更多的关爱。

心理学家曾说，那些在家庭中得到关爱太少的孩子，往往比那些家庭温馨、父母关爱自己的孩子发生早恋的几率更高。这是因为，家庭关爱缺失的孩子更容易寻求另外一种情感来填补空白。这也是那些父母疏于管教、父母离异家庭中的孩子更容易陷入早恋的原因。

所以，如果孩子真的是因为缺乏关爱才过早开始恋爱，父母要及时调整与孩子之间的关系，给予孩子更多的关注和爱护，为孩子营造一个温馨的家庭氛围。

方法三，开诚布公，坦然面对男孩的感情。

对于青春期男孩出现的感情问题，父母要保持开明和理智的心态，这样很多问题便能够放在桌面上讨论了。这有助于父母引导孩子，帮助他解答情感上的困惑。

家长课堂

父母应该告诉孩子，真正的爱是宽容、责任、体谅和义务，而不是一时的迷恋或者开心。同时，倘若一个男人做不到自立自强、自尊自爱，那么他也没有能力去付出感情，承担起感情的责任。

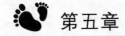

第五章

友情岁月,广交善择觅知音

——做好青春期男孩交友的正确引导

没有友情的青春,黯淡无光;没有朋友的心灵,孤独冷寂。人的一生中,如果没有友谊的陪伴,将是难熬的长夜,更何况对于心灵最敏感、情感最浓烈的青春期男孩呢!纯洁的友情可以给男孩带来美好的回忆,让他学会认识世界,帮助他度过青春的"阴霾"。但是,什么样的朋友才是可交的朋友?遭遇朋友欺骗该怎么办?衡量朋友好坏的标准是什么?父母要帮助男孩解答这些疑惑,引导男孩正确地交友。

"我是替哥们出气!"——江湖义气害人害己

徐辉是初二的学生,有两个比他年龄大一些的"铁哥们"叫王宁和宋航。他们三人很要好,只要谁受了气,另外两人都会出手帮忙。一天下午,王宁告诉徐辉,他们班长因为白天值日的事情和他吵了起来,还报告给了老师。徐辉一听也很愤怒,说一定要帮王宁出这口气。

当天晚上,徐辉、王宁和宋航气势汹汹地找到了那个班长,将其骗了出来。走出校门后,他们不容分说就对班长拳打脚踢,最后班长被打得住院。徐辉等三人也将面临严厉的处罚。

青春期男孩由于身体和心理正在成长,对事物缺乏清醒的认知,缺乏独立判断能力,有严重的从众心理。他们会因为电视、网络中"江湖义气"的误导,整天把"够哥们"、"够义气"挂在嘴边,其实并不懂什么是真正的"义气",只是一味地寻求伙伴的认同。有时,为了所谓的"哥们"友谊,他们还会做出一些让自己后悔的事情。

对此,父母必须让孩子懂得什么才是真正的"义气",引导和帮助孩子明辨是非,以免误入歧途。

方法一,告诉男孩什么是真正的英雄。

16岁的男孩何明听说好朋友被人欺负了,心里非常生气,决定为好朋友"报仇"。当看到那个人独自走出学校时,何明赶上去把他狠狠地揍了一顿。看着对方不停地求饶,何明心里洋洋得意,觉得自己是能为朋友两肋插刀的"英雄"。

男孩普遍有英雄情结,认为朋友之间应该讲义气,关键时刻要敢于为朋友两肋插刀,做个惩恶扬善的"大侠"。

对此,父母一定要告诉孩子,英雄气概是一种正义的力量,一种勇敢的精神,而绝非逞匹夫之勇。比如下水营救溺水者、在公交车上见义勇为抓小偷,都是英勇的行为。但为了替朋友报仇而打架则是害人害己。

方法二,与男孩沟通,让他掌握交友的原则。

青春期男孩分辨是非、自我控制的能力都不强,有时为了追求所谓的"酷"和"刺激",他们会去结交"社会上的朋友"。

一位妈妈得知儿子和"不良少年"交朋友之后,和他进行了一次恳谈:

妈妈:"听说你最近总和同学逃课去网吧?"

儿子:"我朋友都去,如果我不去,他们肯定会冷落我的。"

妈妈:"如果因为你拒绝做自己不喜欢做的事情,他们就冷落你,这算是真正的好朋友吗?"

儿子没有说话。

妈妈:"每个人都需要朋友,但是一味地迎合朋友去做自己不喜欢的事情,你觉得开心吗?"

儿子:"可是如果不和朋友做一样的事情,那和朋友在一起有什么意思?"

妈妈:"当然有意思,你身边的同学都有自己的特长,有的篮球打得很棒,有的精通电脑,有的英语口语流利,你应该多向他们学习。要把握一个原则,有自己的个性,吸收朋友身上的优点,把他们的缺点过滤掉。"

这位妈妈很开明,她没有粗暴地阻止儿子和"不良少年"来往,而是给孩子明确了交友原则,防止孩子在交友过程中迷失自我。

青春期的男孩虽然开始有了主见,但很多想法和观念都不成熟,需要父母的引导。父母要让孩子知道什么是真正的友情,以免孩子因交友不慎而误入歧途。

家长课堂

青春期男孩很容易受到身边人的影响和误导,追求"江湖义气"。父母有责任让孩子知道,所谓的"哥们义气"并不等同于友谊。友谊是人与人之间的真挚情感,是有原则的、理智的、清醒的,而所谓的"哥们义气"是不分是非、不讲原则的。不辨是非、不顾后果的"义气",不是真正的友谊,更不是真正的"义气",既害人又害己。

"他经常带我去网吧。"——玩伴不等于伙伴

一位高一的男生在博客中写下了自己的困惑：

"我从小就没有什么朋友，现在上了高中，周围的同学都是三五成群，我也不想一个人独来独往，很想融入他们的小团体。可是，要想成为朋友，必须有共同的爱好，甚至不良嗜好，比如他们经常去网吧，我不想去，但又怕他们排斥我。我该怎么样才能交到好朋友呢？"

有一句话是这样说的："一个善良的朋友能将人带进天堂，而一个邪恶的朋友则会将人引入地狱。"对青春期男孩来说，交到什么样的朋友，很可能关系到今后人生的成败。青春期是学会人际交往的关键时期，也是性格、品德形成的关键时期，父母们都担心孩子的交友会影响学习和生活。

这种担心并不多余，男孩进入青春期后，往往有强烈的交友欲望，希望开拓自己的"小圈子"，但是他们分辨是非的能力很弱，不懂得该如何选择朋友，很容易为了追求一时刺激而接近有坏习惯的"不良少年"。同时，他们绝对不会认为自己的朋友"很坏"，有的男孩还会因为父母干涉自己交友而心生不满。那么，父母应该如何引导男孩正确交友呢？

方法一，注意观察，加强对孩子的是非观教育，引导孩子树立正确的交友观。

这段时间，黄先生发现儿子小霖总是偷拿自己的香烟。一天，他悄悄跟随小霖出了家门，发现他和几个朋友一起在路边学抽烟。小霖回家后，黄先生直截了当地问他："你为什么这么小就学抽烟？"小霖见爸爸知道了，便不再隐瞒："我学抽烟，是不想让朋友觉得我幼稚。他们都会抽烟、喝酒、打架，就我不会。"黄先生听了并没有责怪小霖，而是语重心长地说："你认为在你这个年纪抽烟、喝酒、打架是成熟的表现吗？恰恰相反，这些都是很恶劣的行为。你应该有自己的判断，那些因为你不抽烟、不打架就排斥你的人，根本不算是真正的朋友。"小霖听了父亲这番话，陷入了沉思。

发现男孩与品行不端的人来往后，父母首先要了解原因，比如孩子可能是想赢得他人关注，或者不想被人欺负等。了解了孩子这些心理层面的需求，父母可以引导孩子用其他正当的手段去实现需求。当孩子通过自己的努力得到了成就感、体验到自我价值时，也就明确了是非观。

方法二，让男孩远离低级趣味的朋友。

15岁的陈涛放学回到家，兴奋地对妈妈说："女生的胆子真小，今天孙锐让我抓一只毛毛虫吓唬女同桌，我就抓了一条放在她身上，她马上就哭了。"妈妈问道："孙锐是谁？"陈涛说："我们班新转来的同学，他特别逗，我和他在一起玩得很开心，他还总拿外国的成人漫画书给我看呢！"妈妈听了，严厉地对陈涛说："欺负女生不是男子汉的行为，一点也不值得炫耀。妈妈建议你找一个对你的学习、生活真正有帮助的朋友，多向对方学习优点，你觉得呢？"陈涛意识到了自己的错误，点了点头。

朋友绝不是以低级趣味相投而交往的。真正志同道合的朋友，具有明确的人生目标和远大理想，这类人才能成为值得信赖的伙伴。那些胸无大志，满脑子鬼点子、馊主意的人，不适合做朋友，应当让孩子远离这类人。

方法三，别用粗暴的方式逼迫男孩"绝交"。

在教育孩子时，打骂是一种很极端的方法，而且往往事与愿违。父母应当保持冷静，不要急于否定和批评孩子，可以和孩子多交流，鼓励孩子与父母分享他和朋友之间的故事，通过他的描述，再选择适当的时机告诉他应该怎么做。这样不仅能让孩子更容易接受父母的意见，也可以拉近亲子关系。

家长课堂

孔子把朋友分为益友和损友，正直、宽容、知识渊博的朋友被定义为益友，而脾气暴躁、心术不正、品行不端的朋友则被定义为损友。父母教育孩子时，首先要把正确的择友观念告诉他，使其拥有一定的判断能力。在孩子的交友问题上，父母最重要的是信任孩子，而不是简单套用自己的价值观，一味地苛责和呵斥。

"他总打我。"——青春里不该有的伤

一位父亲向专家求助:

"我的儿子今年读初一,最近孩子有点奇怪,经常向家里要钱,还找各种理由不去上学。有一天,我发现他手臂上有伤痕,新伤旧伤都有。起初我以为他和谁打架了,就问他发生了什么事。他支支吾吾地说,学校里有高年级的孩子总是欺负他,找他要钱,如果不给钱就打他,还叫他不准告诉家里。有时因为从家里拿不到钱,他害怕遇见他们,就撒谎不去上学。我又气愤又心疼。"

近年来,校园里的欺凌行为时有发生,而且愈演愈烈,这意味着因此导致的斗殴、自杀、他杀、抑郁、焦虑等高危行为也会多发。是什么原因导致了校园欺凌行为的发生呢?其中既有家庭因素影响,也与不良社会风气传入校园有关。

校园欺凌的形式有很多,有身体欺凌、言语欺凌、网络欺凌、性欺凌等。父母需要帮助孩子及早认识、理解欺凌行为,杜绝欺凌行为的发生。

方法一,及早进行有关欺凌知识的教育。

引导孩子判断欺凌行为,学会区别不同类型的欺凌行为,有的欺凌不易察觉,比如网络欺凌,其伤害性更严重、更深远。清楚了解攻击性行为

对人的伤害，严格自律，做到不欺凌他人，也不被他人欺凌。

方法二，鼓励孩子主动寻求帮助。

如果孩子有稳定的朋友圈，面对攻击性行为，可以和朋友一起逼退欺凌者。所以在学校打造良好的人际关系至关重要，能增强对抗欺凌的力量，摆脱被欺凌的地位。另外，家人、老师等都是可以充分利用的人脉，有困难应及时求助。

方法三，鼓励男孩接触社会，改变过分保护或过分严格的家庭教育。

父母要有意识地为孩子创造外出活动和与人交流的机会，尤其是由隔代老人带养的孩子，更应鼓励他从家庭中走出去，在陌生人面前大胆说话，并及时给予赞赏，增强其自信心。另外，父母要树立孩子的自我保护意识，培养其坚强的性格。

家长课堂

父母平时应多与孩子沟通，多关注孩子，及早发现孩子是否遭受校园暴力，不管是欺凌还是被欺凌，都会对孩子的成长造成不可逆的伤害。预防要远远好于弥补。当发觉孩子遭遇暴力时，千万不能沉默或教育孩子"以暴制暴"，应告诉孩子可供他选择的自我保护的方法，并及时与学校联系，共同商讨对策，必要时可寻求法律的保护。

"他教我吸烟、赌博。"——远离恶友

正正是一名初中二年级的学生。有一天,妈妈发现他在书包夹层里藏有香烟。在妈妈的逼问下,正正不得不吐露实情:"我们班有几个男生都会抽烟,他们还会趁老师不注意,跑到厕所里抽。我去卫生间的时候正好看见他们在抽烟,他们就让我也试试,开始我不愿意,但是为了不让他们笑话我胆小,就抽了。"

有调查显示,近年来中学生抽烟、喝酒率逐年攀升,由此引发的青少年犯罪数量也呈上升趋势。这种现象必须引起家长和社会的重视。

处于青春期的孩子往往会隐藏自己的情绪,同时又渴望表达和被理解、被认同。在这种矛盾心理的作用下,一旦孩子的情绪得不到有效释放,就很容易染上抽烟、喝酒、赌博甚至吸毒等恶习。他们会通过这些恶习找到"志同道合者",将所谓的"江湖义气"与友谊混为一谈。也有的男孩为了显示自己的"男子汉气概",选择了抽烟、喝酒等方式。

为了帮助青春期男孩安全度过这一关键时期,父母可参考以下做法:

方法一,告诉男孩触碰恶习要付出的代价。

据报道,中学生小明、小军、小磊(化名)三人,平时学习不上心,放学后经常凑在一起。因为向别人借烟抽,他们认识了一些社会上的无业青年,之后经常一起出入娱乐场所。小军和小

磊还染上了毒品。后来因为没有钱供他们挥霍，他们就偷盗、抢劫、敲诈同龄的中学生，在不到一个月的时间里作案10余起。如今等待他们的是刑事审判和多年的铁窗生活。

单纯的说教往往缺乏说服力，父母可以让孩子看些相关的报道和案例，然后和孩子一同探讨，让孩子从中看到沾染恶习、交友不慎所带来的严重后果，远离那些不良习气。

方法二，言传不如身教。

小磊的爸爸平时很喜欢喝酒抽烟，小磊妈妈经常劝他，他却不以为然。后来，爸爸妈妈发现正上初三的小磊也开始抽烟、喝酒了，当他们训斥小磊时，小磊却理直气壮地反驳道："爸爸不是也抽烟喝酒吗?！我有什么错！"

正所谓，言传不如身教，家庭是保护孩子的第一道屏障，父母是孩子的第一任老师，要做到以身作则，给孩子树立好的榜样，才能帮助孩子远离恶习。

方法三，帮助男孩增强自我保护意识。

陈嘉今年14岁，放学后经常去网吧，认识了18岁的无业游民李某。后来，他们成了"好朋友"，经常一同去娱乐场所。有一次，李某打着给朋友过生日的幌子，邀请大家一起吸食毒品。他们在回家的路上被警察发现带回了派出所，并通知了家长。

在青少年成长的过程中，友谊是不可或缺的。但是，因为"交友不慎"而沾染恶习的现象也不胜枚举，很多孩子因此付出了惨重的代价。所以，父母要帮助孩子增强自我保护意识，慎重交友，做到与恶习绝缘。

家长课堂

父母要让孩子明白,真正的友谊是能让彼此共同进步,一起成长的。友谊不是建立在一起吃喝玩乐上的。父母只有守住家庭教育的第一阵地,多与孩子沟通交流,发现问题及时解决,才能帮助孩子健康、安全地度过青春期。

"他总让我请他吃东西。"——金钱不是衡量友谊的标准

小军最近很苦恼,一到午饭时间,同学小强就会跑来找他,让他请吃饭。小军每天的零用钱有限,于是就拒绝了。没想到小强还生气了,到处跟同学说他小气,不够朋友。难道不请吃饭就不是好朋友了吗?好朋友的关系需要靠金钱来维系吗?

倘若朋友之间的友谊需要用物质来维系,那么这样的友谊是没有意义的。不过,正处在青春期的男孩对友谊的需求也是迫切的,只要能获得更多的友谊,有的男孩甚至宁愿用物质去维系他所认为的友谊。

一位母亲讲述了自己的苦恼:

"儿子刚上初一,性格有些内向,不善于表达,从没听他提过什么朋友。但是前不久,儿子突然开始叨咕起朋友来了。最初我挺为他感到开心的,但是,后来我发现这都是他用自己的零用钱换来的。他经常借钱给他那几个所谓的朋友,周末还请他们吃饭。为了维持这种友谊,他隔三差五地找我要零用钱,数额也越来越大。我不想让儿子结交这种朋友,又怕儿子因失去朋友而失落,可是这样的'友谊'根本算不上真正的友谊啊!"

这位母亲所遇到的困惑并不少见。作为成年人,我们都知道真正的友

谊不需要金钱来维持和考验。然而，处于青春期的男孩心智发育尚未成熟，往往无法妥善处理友谊与金钱的关系。

男孩对友谊的渴望以及缺乏自信，导致他们在面对"友谊与金钱"时，感到茫然甚至采取错误的做法。对此，父母要引导青春期男孩正确处理金钱与友谊的关系，帮助他们认清什么才是真正的友谊。

方法一，让男孩知道物质不是检验友谊的标准。

> 亮亮是班级的学习委员，一天早上，同学小路没来得及写作业，想借亮亮的作业来抄。作为回报，小路还塞给亮亮5元钱。因为班上也有同学这样做，加上小路平时和自己玩得也不错，亮亮就借给他了。这件事被老师发现后，老师不仅严厉地批评了他们，还撤掉了亮亮的学习委员职务。事后，亮亮一直闷闷不乐。妈妈了解了事情的原委，对他说："孩子，你怎么会犯这种错误呢？假如同学遇到困难，你应该帮忙辅导作业，而不是借作业给同学抄并收钱，这样友谊就变了味道，也不利于你的成长……"亮亮听了羞愧不已，说："我明白了，友谊不能与金钱划上等号。"

青春期男孩应该期待和拥有这样的友情：彼此有共同的语言、兴趣、价值观和道德观；彼此可以发现对方身上的优点，相互吸引，共同进步；彼此真诚相处，遇到困难携手度过，而不是把焦点放在朋友为自己"付出"了多少金钱之上。

方法二，掌握一些处理"金钱与友谊"的方法。

> 小力上个星期向父母要了100元钱，说是借给他的好朋友，并说一个月就能还上。结果半年过去了，他借出去的钱还是没有要回来。小力怀疑好朋友当初向自己借钱，根本就没想过要还，于是开始慢慢地疏远对方。

青春期男孩都期望给人一种正面积极的印象，能让人信赖，甚至觉得自己拥有无限能量。所以，他们不惜用"金钱的付出"为自己加分，并且希望对方也能同样回报自己。一旦这种期望落空，隔阂和猜疑就产生了，若再处理不当，很容易"反目成仇"。

父母要引导青春期男孩认识金钱与友谊之间的关系，并且意识到什么才是真正的友谊。既不要打肿脸充胖子，也不要做吝啬鬼。只有真诚待人，乐于助人，才能收获真正的友谊。

"我讨厌他,他总比我强。"——学会欣赏同伴的优点

小强和小虎是同班同学,也是从小玩到大的好朋友,两人整天形影不离。但是,自从上了初三以后,他们却疏远了。原来,小强的学习成绩非常优秀,老师经常会夸奖他,而且小强还是班里的团支部书记,同学们也愿意和他接近。相比之下,小虎就要弱一些。这让小虎心里很不平衡,开始嫉妒小强,并故意疏远他。

青春期男孩追求完美却又极为敏感脆弱,他们自尊心强,情绪起伏大,自控能力弱。一旦发现自己在某些方面不如他人,就很容易产生羞愧、嫉妒、怨恨、愤怒等负面情绪。

法国文学家巴尔扎克曾经说过,嫉妒者比任何不幸的人都更为痛苦,因为别人的幸福和他自己的不幸,都将使他痛苦万分。所以,对于青春期男孩的嫉妒心理,父母要及时进行疏导和排解,帮助男孩认识到嫉妒的危害,以积极的心态去和同学交往。

方法一,帮助男孩正确、客观地认识自己。

小涛在班里的成绩一直不错,还是语文课代表。这次期末考试,他一直引以为傲的语文却被同学小军拿到了最高分,他为此闷闷不乐。中午小军叫他一起吃饭,他酸溜溜地说:"呦,未来

的语文课代表，我哪有资格和你一起吃饭啊！"小军听了十分尴尬。

　　小涛放学回家后，爸爸注意到他失落的样子，便询问发生了什么事。得知事情的原委后，爸爸语重心长地说："语文一直是你的强项，而且你是课代表，这也证明了你的能力。但是，其他同学也在努力，一次考试成绩只能说明这个阶段你在某些地方的不足，而不能全盘否定你。同学考得好，你应当真诚地表示祝贺，而不是嫉妒和敌对。"

父母要在适当的时机指出男孩的优点和缺点，培养男孩豁达、宽容的心态。要让男孩明白，人人都有自己的长处和短处，从而正确地认识自己，欣赏别人。

方法二，让男孩树立正确的竞争意识。

　　明明学习成绩优秀，但是他爱计较、心眼小，所以同学们都不太喜欢和他交往。最近班级竞选班长，他没有当选。事后，他不仅没有从自身寻找原因，反而把失利的原因归于这次当选为班长的张亮。他故意说身体不舒服，回到宿舍把张亮的被褥扔到了楼下。老师得知后，严厉地批评了他。

现实中，男孩大多有争强好胜的一面。父母要引导男孩通过自己的努力与他人竞争，共同进步，共同成长。让孩子知道竞争的目的不是非要争个你强我弱，更不是牺牲友情，而是让自己把消极的嫉妒转化为积极的动力，从而更快地让自己得到成长和进步。

方法三，培养宽容的心态。

宽容的原则是指不苛求别人，不把自己的观点强加于人。青春期男孩往往以自我为中心，不甘落后，期望获得认可。这样的阶段性性格特点，往往容易出现嫉妒现象。

对此，父母要从点滴小事做起，帮助孩子培养宽容的心态，在与他人出现分歧时，要懂得理解和宽容，不要采用敌对、过激的方式解决。

嫉妒是青春期男孩比较普遍的心理现象。父母在引导男孩调整心态的同时，也要看到这种心理产生的原动力是孩子自身渴望成长，希望能够得到提升，从而引导孩子将其转化为自身前进的动力。

"我和他打过架。"——不计前嫌，让友谊更长久

一位家长向心理医生请教：

"我儿子12岁了，长得比较瘦小，学习成绩一般，也没有什么特长。为了帮助他树立信心，我们还专门为他举办过生日会，但是他说这个同学曾经嘲笑过他个子小，那个同学曾经借过他的书没有还……到最后，他只邀请了几个同学，生日会很冷清，他更觉得没面子。现在他还是很自卑，没有什么朋友，性格也越来越孤僻……我们该怎么帮助他呢？"

伴随着性的成熟、身体发育的急剧变化、自我意识的形成、认知能力的发展，青春期男孩在人际交往上也日渐形成自己的观点。中学时期，是男孩结交朋友的高峰期。但是也有男孩不愿向同学敞开心扉，性格越来越孤僻。这时就需要父母适当引导和干预，帮助男孩建立良好的人际关系。

方法一，通过多种渠道培养男孩宽广的心胸。

宽广的心胸是男孩的优秀品质，能为其赢得更多的友情。父母要引导男孩多读书，多旅行，开阔他的眼界，培养他宽广的胸怀。另外，父母还要言传身教。只有心胸宽广了，才能不为小事而烦恼，才能交到更多的朋友。

这是一位家长的自述：

"我儿子原来是班长,但是后来在改选中落选了,为此他好几天都不理睬新当选的班长。我想了一个办法,在儿子问我学习上的难题时,故意打电话问他们班的班长;到学校开家长会,我也特意和班长的家长打招呼,班长跟我熟悉起来,也很有礼貌地打招呼。后来,我积极支持儿子参加班长组织的互助学习组,两人在活动中慢慢熟悉起来,儿子渐渐忘记了不愉快的事情,后来和班长还成了好朋友。他还告诉我,通过接触他发现现在的班长确实有值得他学习的地方,表示要向班长学习。"

方法二,让男孩知道友谊的重要性。

父亲可以给男孩讲述自己年少时的交友故事,用亲身经历说明朋友的重要性以及朋友带来的人生乐趣。同时,父母还可以给男孩讲一些名人交友的故事。当孩子明白了友谊的重要性,才会用宽容的心去对待朋友。

方法三,引导男孩不计前嫌,主动伸出友谊之手。

青春期男孩已经有了一定的判断力和自我调节能力,父母只要在适当时候给予引导,便能让他意识到朋友间的非原则问题并不会影响友谊。

青春期男孩敏感、爱面子,有时和朋友闹矛盾后,会不好意思主动和好。这时,父母要关注男孩的思想动态,适时给男孩创造和好的机会,比如举行家庭联谊会、鼓励男孩参与学校社团活动等。

父母要让青春期男孩懂得人与人之间存在着"差异性",应学会谦让和宽容。与朋友出现矛盾时,要先从自身寻找原因。当然也要注意,宽容不等于无原则的妥协。

青春期男孩通常渴望寻找真正的朋友,但有时难免会因为一些小矛盾而错过真正的朋友。对此,父母应该多观察男孩的动态,鼓励他不计前嫌,用宽容和豁达收获更多的友情。

"他居然那样猜忌我！"——用心沟通化误解

小明不见了一支漂亮的笔，找了半天也没有找到，正巧坐在他后面的小马也在用一支一模一样的笔，大家都觉得是小马偷了小明的笔。小马心里委屈但也没说什么。不料第二天又发生了让小马更加难堪的事情：活动课时，大家分小组做手工，下课后，小马不小心把一名同学带的材料收走了。这个同学发现后，气愤地指责小马总想占便宜。小马见同学们都在窃窃私语，心中十分苦闷。

青春期男孩处于心理和情感的变化期，与人交往时常常会出现误会，但又因为敏感、爱面子等原因不愿意与人沟通，结果使误解加深，就像上述故事中的小马一样，最终既伤害友谊，也伤害自己。

沟通是减少隔阂、消除误会的最佳途径。父母应引导男孩在遭到别人误解时，多与对方沟通，消除隔阂，让友谊健康发展。下面是几条成功的经验：

方法一，密切关注男孩的情绪，及时了解男孩的交友情况。

男孩进入青春期后，内心世界变得更加丰富多彩，但又不轻易表露出来，心理发展呈现出闭锁性的特点。当男孩与朋友出现误解时，往往会把情绪带到生活和学习中。

张女士的儿子正读高中，最近回到家总是表现得很不高兴。张女士问他发生了什么事情，他说："我很苦恼，我刚认识的两个好朋友对我有些误会，讨厌我、疏远我，但我不知道该怎么做。他们误会我，会不会使其他同学也误会我，甚至疏远我呢？"张女士没想到男孩的心思也这么细腻，渴望同伴的理解，渴望与同学和睦相处。于是，她鼓励儿子给心理热线打电话咨询。

心理咨询师给出了两个建议：一是被人误会时，要冷静下来寻找原因。如果原因不在自己，那就只要做好自己的事情，正所谓"清者自清"；如果原因在自己，就要反思自己的言行和做事方法，然后真诚地向对方道歉。二是误会产生后，不要着急澄清，不妨给彼此一点时间，冷静后再坦诚沟通，并用实际行动让别人感受到自己的诚意，这样就容易消除误会。

张女士的儿子听了心理咨询师的建议，心里有底了，他反思了自己的行为，主动与同学沟通，双方终于和好如初。

方法二，引导男孩把握沟通的主动权。

掌握沟通的主动权，才能将沟通引向我们期望的方向，达到自己想要的结果。因为沟通能力是进行人际交往的前提，一个人的说话能力可以显示他的力量，把握沟通主动权的人更容易使人信服，并在无形中提升人缘。

方法三，在沟通中要以诚相待。

朋友相交，贵在真诚。父母要提醒男孩，当误会出现时，一定要以真诚的态度去沟通化解。不管和朋友产生了怎样的误会，当他取得好成绩时，要诚心诚意去祝贺，并努力向他学习；当他遇到麻烦时，要主动热心地帮忙，不图回报。这样，在自己的善意感染下，从前的误会也将烟消云散。

只有在沟通中消除误会，在消除误会中增进彼此的友情，男孩才能拥有真正的友谊。

家长课堂

青春期的男孩很重视友谊,父母作为成年人,在这方面会有更多的经验,所以要时刻关注孩子的交友情况,及时提供帮助,引导男孩与朋友真诚相处、互相包容,从而消除隔阂、和睦相处。

"他竟然骂我。"——真正的友谊不能斤斤计较

有这样一个故事:有两个朋友到沙漠旅行,旅途中两人因为一件小事吵架了,一个人打了另一个人一巴掌。被打的那个人一言不发,在沙子上写下:"我的好朋友打了我一巴掌。"两人继续旅行,在走到一处沼泽地时,被打巴掌的那个人不慎陷入沼泽地,朋友想尽方法,冒着危险把他救了起来。那人被救起后,在石头上刻上:"我的好朋友救了我一命。"他的朋友好奇地问道:"为什么我打了你,你要写在沙子上,而现在却要刻在石头上呢?"被打的人笑着说:"被朋友伤害时要写在易忘的地方,风会负责抹去它;如果得到了朋友的帮助,要把它刻在心灵深处,那里任何风都不能抹去它。"

这个故事可以让男孩明白,有时朋友的伤害往往是无心的,不要总把"他竟然骂我""他竟然嘲笑我"挂在嘴边。要学会忘记那些无心的伤害,铭记朋友真心的帮助,这样才能赢得更多的朋友。

青春期男孩外表上看起来接近成年人了,但是心智还不成熟,经常对一件小事耿耿于怀,凡事斤斤计较,长此以往就会影响人际交往。所以,父母要适当进行引导。

方法一,引导男孩多读书、多思考。

读书多的人见多识广,眼界开阔,能以不同的视角看世界。青春期男

孩已经有了一定的知识积累，也具有思考能力和辨别能力，父母应引导他从不同的角度看问题，这对其人际交往帮助很大。

方法二，多带男孩接触不同年龄、性情、职业的人，让他学会和不同类型的人融洽相处。

男孩到了青春期，父母应该有意识地带他参加一些社交活动，让他明白不同类型的人如何才能融洽相处，而且真正的朋友不会斤斤计较，豁达的品性能吸引更多朋友。

方法三，身体力行，言传身教，做男孩的榜样。

父母的交友态度会深刻地影响孩子，所以父母应与朋友融洽相处，真诚待人，不卑不亢，不斤斤计较，不在背后随便谈论别人，给孩子树立一个好榜样。

一位妈妈在家庭教育交流会上讲述了自己的经验：

"周末，楼上邻居晾晒衣服滴下的水把我晒的被子淋湿了，我只是客气地提醒了一下楼上的邻居，并没有生气发火。还有一次，我和儿子一起骑自行车去书店，路上一辆自行车刮了一下我的手臂，骑车人不断地说对不起，我只告诉骑车人要注意安全。儿子问我：'妈妈，你怎么让他走了？万一你的伤严重了怎么办？'我笑着对他说：'没关系，妈妈的手没有大伤。再说人家也不是故意的，并且道歉了。'接着，我趁机告诉儿子：'待人要豁达，对于一些微不足道的小事，没必要斤斤计较。'儿子在我的影响下，心胸也渐渐豁达起来，在同学中很受信任，还受到了班主任的表扬。"

在漫长的人生旅途中，失意并不可怕，只要男孩拥有豁达的心胸，真诚与人交往，就会拥有良好的人际关系。

友谊是宝贵的,友谊会使孩子的青春更加丰富多彩。男孩在成长过程中难免会有失意,这时,一颗豁达而宽容的心,会让他在人际交往中更富有个人魅力。父母要引导男孩用豁达的心胸、积极的心态去参与社交生活,让友谊为自己的人生助力。

"我做了一件让他生气的事。"——主动表达歉意是真诚的表现

一个男孩在网上求助说：

"半年前我说话伤了一个朋友，事后我很后悔，但并没有道歉。后来他对我很冷淡，现在看见我也不打招呼了。我因为心虚，也不敢主动喊他。再过一个月，他就要出国了，可能我们以后都不会再见面。我不想留下遗憾，很想请他原谅我，但是事情过去了这么久，我更加不好意思开口了。我应该用什么方式向他道歉？应该怎么说呢？"

从男孩的叙述可以看出，犯错之后，他渴望友谊但又羞于开口道歉。这种表现与青春期男孩复杂的心理有关系，也与家庭教育有一定关系。

孩子小时候做了错事，有的家长会认为："孩子这么小，懂什么？实在要道歉，我可以代表他去。"这种做法是在袒护孩子的过错，孩子没有从错误中吸取教训，也难以对自己的言行负责。当孩子慢慢长大，进入青春期，也会认为做错事不用道歉，即使有道歉的想法，也不知如何开口。

对此，父母要让男孩明白，当他的行为让朋友受到伤害时，只有真诚地表达歉意，才能延续友谊。

方法一，让男孩明白主动表达歉意是真诚的表现。

男孩不懂得道歉，可能是因为在人际交往中没有是非概念，或者认为

伤害朋友用不着道歉。对此，父母应教给孩子一些交友原则，告诉孩子友谊需要经营，认错是对朋友真诚的表现。要经常给予男孩肯定："你是男子汉，应该有勇气承认错误。"时间长了，男孩就会明白每个人都有犯错的时候，勇于认错才能体现一个人的素质。

方法二，鼓励男孩向朋友道歉。

当男孩说出"那件事是我不对""我确实做错了""我做了一件让他生气的事"时，父母应该趁热打铁，鼓励孩子当面道歉，向别人说一句"对不起"。这不仅能让男孩掌握一项社会技能，更重要的是让他学会怎样对自己的行为负责，怎样照顾他人的感受。

方法三，父母要学会向男孩认错。

美国教育家斯特娜夫人曾经说过："一个勇于承认错误、探索新的谈话起点的父母，远比固执、专横的父母要可爱得多。"在传统的家庭观念中，父母是威严的，犯了错误也不应该道歉。所以，有不少家长为了维护自己的面子，即使做错了也不会向孩子认错道歉。孩子在这样的家庭环境中长大，自然不知道怎样主动道歉。

实际上，青春期男孩也渴望得到成年人的尊重，父母做错了向孩子道歉能增加他的存在感，也向他表明，认错道歉天经地义。有研究显示，父母向孩子认错，不仅可以融洽家庭关系，而且可以让孩子明白每个人都会犯错，认错并不是一件丢脸的事情。

孩子伤害别人后，主动道歉，勇于承担后果，不仅是为了得到别人的原谅，也是为了让孩子树立责任感，增强自律性，谨慎言行，对他将来顺利融入社会具有非常重要的作用。

家长课堂

男孩犯错后，父母不要一味地批评、指责孩子，而要引导他承认错误、勇于道歉、承担后果，建立和谐的人际关系。在家庭教育中，父母要身体力行，勇于道歉，从而引导男孩在犯错后也能勇敢地说出"对不起"。

"我不想帮他。"——互助是友谊的土壤

有专家指出,青少年的和谐人际关系主要表现在:乐于与人交往,既有稳定而广泛的人际关系,又有知心朋友;在交往中保持独立而完整的人格,有自知之明,不卑不亢;能客观评价别人和自己,善于取人之长补己之短;宽以待人,乐于助人;积极的交往态度,交往动机端正。

在现实生活中,帮助别人往往能让青春期男孩获得成就感。

一个初中男生在作文中写道:

"我今年14岁,是一个乐于助人的男孩。记得有一次上美术课,老师叫我们画一幅四季风景图并且涂上颜色。老师话音刚落,同学们就埋头狂画,十几分钟后,许多同学都画好了,讨论着应该涂什么颜色。这时我也画好了,刚从书包里拿出水彩笔,就发现同桌一副愁眉苦脸的样子,原来他忘记带水彩笔了。我把自己的水彩笔盒放在桌子上,对他说:'我们一起涂颜色吧。'后来别人都完成了,我们两个还在涂,但是我很高兴,因为我帮助了朋友。"

青春期男孩要建立良好的人际关系,必须具备乐于助人的品质。那么,父母应该怎样引导男孩学会乐于助人呢?

方法一,通过具体的事例培养男孩乐于助人的品质。

不爱帮助别人的男孩，性格中往往带有几分冷漠和自私，这与父母的教育方式有一定关系，而且这种孩子往往人缘不好。对此，父母要注意引导。比如，让男孩帮助自己做家务，并向他表示感谢，也鼓励男孩帮助周围的人，让他感到自己有能力去帮助别人。另外，与男孩沟通时可多问他一些问题：当你需要别人帮助的时候，你是什么样的心情？你帮助别人时又是什么心情？通过引导，使男孩知道帮助别人是一件快乐的事情，也是培养良好品质的一个重要方面。

方法二，教给男孩助人的方式。

乐于助人要善于理解他人的处境、情感和需要。父母要让男孩明白，帮助别人也要注意保护别人的自尊。比如帮助朋友，不要揭朋友的伤疤；不要附加任何条件；不能要求一定要有回报；不要大肆宣扬，弄得尽人皆知……

乐于助人的男孩他的朋友最多，人也最有魅力，每当他遇到困难时还会有很多人向他伸出援助之手……学会帮助别人，是男孩结交朋友，建立良好人际关系的开始。

家长课堂

父母是孩子的老师，如果父母平时乐于帮助别人，那么孩子耳濡目染，也一定愿意帮助别人。因此，父母要注意引导男孩，让他懂得"赠人玫瑰，手有余香"，只有乐于助人，才会收获更多的友谊。

"团结力量大。"——讲团结，会合作

每个人都是属于社会的一个个体，所以团队精神对现代人来说是非常重要的。到了青春期，男孩的成长其实就是不断适应外部世界的过程。

然而，现在有很多孩子在团队合作中的表现令人担忧，一些青春期男孩会表现出集体观念淡漠、合作意识差等缺点。

一个初中男生在日记中写道：

> "有一次，我们班去野外植树，我和班里的3个男生分在一组，我们4个人有的挖坑，有的挑水，有的插树苗，有的填土。干了一会儿，我觉得很累了，瞅准时机就偷懒，能少干一会儿就少干一会儿，同组的同学都对我很有意见。后来经常奚落我，甚至有集体活动也不愿让我参加了。"

案例中的男生因为缺乏团队观念而受到同学的冷落，慢慢发展下去对他的心理会有很大的负面影响。这样的孩子即使掌握了丰富的知识，具备了出色的技能，走上社会后，也会因为无法与他人合作，难以融入社会。所以，父母要注意引导和培养孩子的合作意识和团队精神。

方法一，利用男孩的兴趣爱好进行引导。

青春期男孩大都有自己喜欢的体育项目，如足球、篮球等，很多体育项目都非常注重团队配合。父母可以和孩子一起进行各种体育运动，让他

明白团队精神的重要性。很多教育工作者发现,在体育教学中有意识地培养孩子的团结协作精神,不仅可以提高学生学习的兴趣,还能培养学生的集体观念和集体荣誉感。

夏明是一名高中男生,成绩优秀,喜欢足球,但是也很不愿意参加集体活动。父母一直想找机会和他谈一谈这件事。周末,夏明和爸爸一起看足球,爸爸给他讲了"陪练""打配合"这些名词,并告诉他一次比赛的胜利,与"传球者"的配合密不可分。夏明看着精彩的比赛感慨道:"没有这些人传球,射门的技术再好也不可能把球射进球门。"爸爸趁机强调了团队精神的重要性。夏明当时没说什么,但却听进去了,此后,他开始主动参加一些集体活动。

方法二,创造机会并鼓励男孩参加团队活动。

融入一个团队,是培养团队精神的第一步。父母要创造机会,鼓励孩子加入到团队中,在团队活动中磨砺和成长。在丰富有趣的团队活动中,男孩可以不断地认识自己、认识他人,从中体会到沟通和协作的价值,不断适应团队并提升自身能力。

总之,要让男孩认识到合作的重要性,绝不能用空洞的说教,一定要让他融入到团队中,慢慢领会合作的重要性,并喜欢上与人合作,在团队中发挥作用。

家长课堂

团结合作是为了一个共同的目标坚持奋斗到底的精神。父母要注意培养男孩的团队精神,使他们在日常生活、学习和工作中,互相支持、互相配合,积极主动地协同他人处理好各项事务,最终让自己、让团队都有所收获。

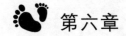 第六章

大爱无言，感恩天下父母心
——亲情是无价之宝

爱，是一个伟大的字眼。在千千万万种爱中，父母对孩子的爱是最伟大、最无私的。但是，青春期男孩常常无法理解父母："我不想听你们唠叨""我不需要你们的管束"……这其实是男孩的逆反心理在作怪。这段时期，父母要与男孩平等交流，真诚沟通，引导男孩明白亲情的可贵，体会父母的苦心，从而健康快乐地成长。

"我已经长大了!"——我的青春我做主

有一个高中生在网上发帖求助:

"父母管束太严厉,除了学习之外,禁止我和任何人来往。

"出去玩,不行。打电话,不行。去同学家,不行。曾经有同学来我家被他们赶出去过,一起在家门口玩也不行,他们一定要跟着看。每当同学来电话了,他们就大声呵斥,我去哪里他们都要跟着,从小到大都是这样,干什么都要问个一清二楚,我就像个傻子一样。

"我今年16岁,至今没有和朋友出门过一次,我是男生啊。基本上我除了学习什么都不会,是不是很可悲啊?我不想像个小孩一样啊,大家帮帮我!"

这个帖子得到了很多人的回复,大部分是同龄人。他们纷纷表示有同感,感觉父母管束太严,自己没有什么自由。这也反映了当下的一个现实——青春期孩子与父母之间的矛盾集中在"管"与"被管"上。

青春期男孩大多追求一种"青春价值",他们无时无刻不在想自己是个大人了,应该怎样体现自己存在的价值。很多男孩认为最大的价值就体现在"决定权"上,凡事能够自己做主。一旦父母否定他们的想法或行动,他们就会觉得自己"成长"的进程受到了阻碍。

另一方面，父母也有着自己的无奈和担忧，担心孩子结交损友、沉迷网络游戏、对学习得过且过……这些担心并不是多余的，因为孩子自我控制能力还不够强，需要家长的协助。问题的关键在于，父母的良苦用心往往不为孩子所理解。那么，父母应该怎样做呢？

方法一，与男孩加强沟通，让男孩意识到自己的问题，主动接受父母的监督。

这是心理专家对父母的建议："反思下你自己是否有认真地跟孩子交流过，找个时间，全家人坐下来认真谈谈你对孩子的期望，并且表明父母对孩子的管束来自对孩子的不信任，引导孩子认真想想自己是否做过让父母不信任的事情，如果做过，现在他要做的就是证明给父母看，他是个大人了，能够充分控制自己的思想和行为。"

方法二，改变一下教育方式，鼓励和支持男孩与朋友交往，同时父母也要努力成为孩子的朋友。

正常的人际交往有利于孩子身心的健康发展，使他克服自身的羞怯和自我封闭，变得开朗自信起来，同时，知识也会得以丰富，各方面的能力会得到进一步提高。当孩子把父母当成朋友，父母与孩子相处起来就会轻松很多，父母无需"监控"就能了解其交友情况。

所以，与其明令禁止、横加干涉，不如多和男孩沟通，在沟通中加以引导，反而会取得更好的效果。

家长课堂

父母的过分限制不利于青春期男孩各方面能力的发展，若男孩的思维、行动受到过多限制，接触的事物过于单一，不与同龄人交往，容易养成孤僻的性格。父母在管束男孩时，应该将沟通放在首位，适当进行引导，充分考虑正走向独立的男孩的心理需求。

"我讨厌你们的唠叨!"——"青春期"碰上"更年期"

青春期男孩独立意识逐渐增强,迫切希望能够摆脱父母的束缚,自己做决定。如果父母仍然把他当小孩,无微不至地"关怀"着、"嘱咐"着,男孩会觉得自尊心受到了伤害,并由此产生逆反情绪。

一个男孩在日记中写道:

"有时候,我放学回到家,书包还没有放下,父母就问今天怎么这么晚才回来,接着就开始了长篇大论的唠叨。平时一大早,就听他们唠叨'快点起床,再不起来就迟到了';冬天的时候更烦,不停地在我耳边说'多穿几件衣服,天气变冷了';吃早餐时则说'快点吃,要迟到了,不要慢吞吞的';晚上又说'你不用做功课呀?你不用复习吗?这么有空看电视'。这些都是父母日复一日唠叨的内容,所以我不想回家,回到家就没有了自由,跟坐牢似的,没有一点私人空间。我多想父母不唠叨,给我点自由!"

可怜天下父母心,唠叨是父母表达爱意的一种方式,他们事无巨细、无微不至,时时刻刻都在叮嘱。父母做得很多、很累、很辛苦,但孩子却往往不领情。

陈女士是个全职妈妈，每天她早早起来为儿子准备早餐。早餐准备好后，她开始一遍又一遍地叫儿子起床。儿子懒洋洋地起来，洗漱吃早餐。这时，陈女士一边为儿子叠被子，一边唠叨着："看看你，老是把房间弄得乱七八糟，让人跟在你屁股后面收拾。每天叫你起床都得喊破嗓子才动，早饭都凉了吧！总吃凉饭，还这么狼吞虎咽的，胃要坏的，天天跟你说也没用。要是我一叫你就赶紧起来，就不用这么紧张了，也不会老是迟到挨批评……"儿子对她的话充耳不闻，吃完饭用手背抹抹嘴，抓起书包就往外走。陈女士追在身后喊道："说你你还来劲了，不吃完就跑出去，小心肚子疼……"这样的情景每天都要上演，陈女士觉得很累，儿子也觉得很烦。

所以，在与孩子交流的时候，父母要注意说话的方式。

方法一，不要轻易为男孩做决定，不安排他做不喜欢做的事情。

青春期男孩要求独立的呼声很高，开始有了自己的主见。父母不要凡事代为安排，应在引导的同时尊重其决定。

方法二，父母学会适当放手。

父母要让孩子去做能力范围内的事，并独立承担后果。比如起床，最好让孩子自己意识到迟到的危害及应受的惩罚，让他自己定闹钟，锻炼其积极性、自觉性。否则，父母越是提醒、唠叨，孩子越是反感或充耳不闻。一旦出现问题，孩子往往会第一时间责怪父母，觉得是父母没有为他想周全，或是没有提醒他。

方法三，批评男孩或给男孩提要求时，要简单明了，不要长篇大论。

在引导、教育孩子时，父母应尽量用简洁的语言提出具体可行的建议，让孩子明白父母的良苦用心，并允许孩子发表意见。批评孩子时要就事论事，明确地表明态度："衣服你自己周末洗。""以后我不会叫你起床。"千万不要把陈年旧事都翻出来，更忌讳给孩子开"批斗会"。

当孩子明白了父母的一番苦心，知道父母所说所做的都是因为爱他，就会努力朝着父母期望的方向努力。

教育孩子并不仅仅体现于全心全意为孩子着想,凡事都为孩子安排好。过度的保护和约束,反而会害了孩子。所以,父母要注意调整教育方法,选择易于让孩子接受的方式,效果会更好。

"你们不要再偷看我的日记!"——隐私领地不容侵犯

据调查显示,90%以上的青少年说过以下一句或是几句:

(1) 好了好了,我知道,真啰嗦。
(2) 有事吗,没事我挂了。
(3) 说了你也不懂,别问了。
(4) 跟你说了多少次不要你做,做又做不好。
(5) 你们那一套早就过时了。
(6) 叫你别收拾我房间,你看东西都找不到了。
(7) 我要吃什么我知道,别给我夹。
(8) 说了别吃这些剩菜了,怎么老不听。
(9) 我自己有分寸,别说了,烦不烦。

这个帖子在网上非常流行,发帖者说:这些话,说者无心,听者伤心。青春期男孩处于成长爆发期,但是心理上并未成熟,难免与父母在很多问题上产生分歧。由于还没有学会用恰当的方式表达自己的想法,他们会经常说出伤害父母的话来,于是便出现了上文引用的网络热帖。

父母为了和孩子有共同语言不断充电,父母与孩子交流很少想通过日记了解孩子,父母不希望孩子受伤害所以事事关注孩子……这些都是出于对孩子的爱,但是很多孩子没有意识到这一点,只觉得父母烦人,于是口不择言。

那么，当青春期男孩直截了当地说出"不要偷看我的日记"之类的话时，父母应该怎么做呢？

方法一，理解男孩的争辩。

孩子成长的过程就是走向独立的过程，父母偷看日记其实是不尊重孩子的表现。当孩子顶撞时，父母不要动辄上纲上线，给孩子下"目无尊长"等定论。应冷静下来，给予孩子申辩的机会，鼓励孩子说出自己的感受，化解孩子的不良情绪。

方法二，引导男孩换位思考。

很多男孩"出口伤人"也是无心之举，因为他们不懂说话方式在人际交往中的作用。这时，父母可以让孩子换位思考，假如父母对他冷言冷语，他是否会感到难受。

一天，张女士和儿子一起逛特色街，这里好多人都说一口流利的外语。儿子的英语口语非常好，张女士很想让儿子多练习练习，但儿子就是不愿意开口。张女士着急地说："这么好的机会为什么要错过呢？"儿子脸涨得通红，回敬了一句："别管我，想说你自己干吗不说！"然后赌气走了。张女士哑口无言。

后来有一次，张女士与儿子闲聊学校的事情，儿子说同桌参加了作文比赛，是他鼓励的，因为他觉得同桌写作能力很强。张女士趁机说："你鼓励他，他假如说，这是我的事，不用你管。你会怎么想？"儿子干脆地说："那他就不是我的朋友了。"张女士说："你记得吗？你对妈妈说过同样的话。"儿子想了想，脸红了。张女士说："你当时不愿意开口，完全可以给妈妈讲清原因，妈妈也是可以理解的。同样的意思，用不同的方式说出来，给人的感觉完全不一样。"儿子当时没有说什么，但从那之后，他说话明显和气多了。

青春期男孩日趋独立，迫切希望表达自我，但常常因为过于强调自我而忽视了表达方式，父母要在尊重其意志的基础上，引导男孩用礼貌恰当的方式来表达。

方法三，积极调整亲子关系。

男孩以言语顶撞父母，或者不尊重父母，与家庭有很大关系。进入青春期后，男孩对平等交流的渴望会增强，父母与孩子交流时，要多听听孩子的意见，创造平等、民主的家庭氛围。

家长课堂

随着男孩渐渐长大，他对平等的要求也越来越强烈，父母只有尊重他，才能得到他的尊重。要给予男孩平等地位，就要避免一言堂，允许他争辩，听取他的意见，引导他合理主张、恰当表述。

"我自己能做好!"——过于自信会滋长骄傲

青春期男孩开始迈入男人的世界,他们雄心勃勃,充满理想,总觉得自己有能力处理遇到的各种事情。实际上,他们缺乏社会阅历,做事不沉稳,还没有"独自面对外部世界"的能力。

这时,父母要引导男孩正确看待这个世界,看待自己的能力,真正地成熟起来。

方法一,让男孩犯一些错,吃一些苦头。

男孩在青春期难免会犯错误,对此,父母要放手让他经受一些挫折,帮助他认清自己的能力。

刘先生分享了自己的经历:

"儿子读高中时,成绩很差,结交了一些不好的朋友,还和那些朋友结伴逃学上网。我知道这件事后十分气愤,便限制他的自由,周末不许他出门。我说:'我辛辛苦苦工作供你读书,就想让你有个好的未来。'他顶撞我说:'上学有什么了不起,现在好多大老板都没有读过多少书,我现在出去照样能养活自己。'我觉得他的想法太幼稚了,但是不让他吃点苦头,他就意识不到自己错了。因此我说:'这样吧,我不限制你的自由,你这周也不用上学,随便去网吧上网,但是我不会给你一分钱,你自己挣钱养活自己。只是我有一个条件,你晚上必须回家。'他爽快地答应了。儿子第一天出去，饿了一天，晚上回来我们也不主动给他饭吃；第二天、第三天，他仍旧没有挣到钱，借了同学一点钱买包子吃；还没到周五，他就蓬头垢面地主动回家了，对我说：'我们高中生找工作太难了，什么都不会干……'我趁机说：'那些没读过书的大老板也有一技之长，你不读书，又没有技术，怎么在社会上立足？'儿子听了我的话，默默地收拾书包，第二天就去上学了。后来我给他转了学，又留了级，远离那些损友。渐渐地，他的学习步入正轨，有了起色，最后考上了大学。"

方法二，找男孩尊敬的人给予其帮助。

男孩与父母相处时间长了，难免会产生隔阂，于是父母在他们心目中的威信也降低了。当遇到复杂的、自己驾驭不了的事情时，他在父母面前既不承认自己能力不够，也不想获得父母的帮助。这时，父母可以向孩子尊敬的人求助，让这个人帮忙引导孩子走出误区。这个人可以是孩子的老师、教练，也可以是孩子的学长、邻居、长辈，等等。

李斌是个15岁的男孩，学习成绩不好，初中毕业后读了技校。其间，李斌找到了一份蛋糕店的兼职。这家店的老板很年轻，自己制作蛋糕自己卖，生意非常红火。李斌很佩服这个老板。毕业之后，他决定也开一家蛋糕店。但是，那年他才18岁，手艺并不精湛，也不懂得怎样做生意，父母极力反对。李斌很不高兴，开始整天不回家，说父母不投资，他就到处找亲朋好友借钱。无奈之下，父母找到蛋糕店的老板，请他帮忙劝说李斌。几天后，李斌回来了，对父母说："我暂时不打算开店了。我老板说他做了10年蛋糕才自己开的店，我才做了两年，技术根本不行，我还得再学习几年。"父母听了，总算松了一口气。

在李斌看来，父母不懂做蛋糕，所以没有发言权。而当他认可的"业内权威人士"指出他的不足时，他却欣然接受，这就是引导者的力量。

 **家长课堂**

面对高估自己能力的男孩,父母不可放任自流,也不能一味打击压制,应该从多方面入手让他看清自己的真实能力。

"衣服换完了,你们给我洗了。"——会做家务的孩子更自立

对于男孩不愿做家务的问题,很多家长都很苦恼。下面是家长们在网上求助的帖子:

"一年前,出于对考生的照顾,我们开始不让儿子做任何家务。后来他慢慢习以为常,每天饭来张口、衣来伸手,毫无愧疚之意。中考后,我们想恢复他做家务的义务,但却没有效果。该怎么办?"

"我有两个儿子,以前一个拖地,一个洗碗。现在他们都长大了,叫他们干活的话都要先说好工钱再干,孩子们说现在是金钱社会,劳有所得。怎么才能纠正他们的想法呢?"

"孩子上初中了,在家除了看电视、读书外,什么都不会做,连自己的房间都不会整理,像个猪窝一样。我一说他,他就拿学习成绩做挡箭牌,我该怎么教育他呢?"

"冰冻三尺,非一日之寒",男孩没有养成做家务的习惯,与父母有很大关系。很多家长见孩子学习任务繁重,便主动包揽家务,使孩子产生了惰性。其实,做家务也是一种学习。父母要引导男孩做力所能及的家务,这不仅能锻炼孩子的自理能力,也能让他学会体谅父母的辛苦。

方法一,相信男孩能做好家务。

很多家长觉得让男孩洗衣服，会弄得一团乱；让男孩洗菜，菜也洗不干净，反而弄得哪儿都是水；让男孩收拾房间，完全不得要领……这些既体现了父母对男孩的溺爱，也透露出了父母对男孩的不信任。假如他做事没有达到要求，父母就觉得不如自己做省心。

一位教育专家的经验是这样的：

"当儿子制作第一份三明治时，我一直在旁边观察。他做的这份三明治的材料是两片硬面包，上面涂了奶油、花生酱和果酱，把火腿和黄瓜夹在中间。一见到它，我就察觉到这个三明治的口味会很糟糕，并一度想要质问他怎么把厨房弄得一团糟。可是最后我什么也没说，等他做好，我问他：'你准备好晚餐了吗？可以吃了吗？'"

父母应该给男孩一个机会，让他自己从做中学，让他在合理的范围内自行决定该如何做，激发他做事的灵感，增加对家务的兴趣。

方法二，引导男孩做家务要讲究方式方法。

引导男孩做家务有很多方式，比如奖励积分，达到一定积分可以让父母帮助他完成一个心愿；还可以组织兄弟姐妹进行比赛，评选出优胜者……有的家长喜欢用物质奖励，这种方法要把握好度，不能让孩子养成"付出是为了得到金钱回报"的观念。

陈女士说，孩子小时候总喜欢掺和做家务，很多时候越帮越乱，于是，她就打发孩子一边玩去。现在孩子已经上中学了，陈女士觉得应该让他学着做点家务，锻炼独立能力，没想到孩子却不乐意了。初二放暑假时，为了让孩子做家务，陈女士决定对他实施物质奖励：洗一次碗奖励1元钱，擦一次桌子奖励5毛钱，洗自己的袜子奖励5毛钱……孩子听了满眼放光，父母还没吃完饭，他就开始"抢"碗。后来发展到帮父母拿一下拖鞋也要付钱,居然还提出涨薪要求。陈女士非常无奈。

方法三,根据男孩的特点,巧妙选派家务活。

给男孩分配家务活时,要考虑男孩的性格特点、兴趣爱好和能力。比如,男孩不擅长叠衣服等这些灵巧型家务,可以让他打扫厨房、倒垃圾、喂养宠物;或者给他5个选项,让他选两件自己喜欢的事情来做。做家务关键在于坚持,随着男孩年龄的增长,交给他的任务也要越来越重要,逐步锻炼他的责任感,培养他的感恩之心。

让男孩学做力所能及的家务,不仅可以锻炼孩子的自主能力,更能让孩子体会到父母的辛苦,增进亲子之情。所以,父母不要因为宠爱或者担心影响孩子学习而代劳。

"你能不能不管我？"——"管什么"和"怎么管"

很多步入青春期的男孩，总觉得自己已经长大了，可以自由地做自己想做的事情。他们甚至觉得没有父母的庇护，自己一样可以很好地生活和学习。

实际上，青春期男孩尚未形成成熟的世界观、人生观，缺乏人生经验，遇到问题还不能很好地处理。父母是孩子的第一任老师。但是，孩子进入青春期后，父母在他们心目中威信降低，他们不愿意听从父母的教导，逆反心理很重。这时，父母要不断学习，提升教育智慧，做孩子的指路明灯。

不同的父母，不同的指引方式，会造就不同的孩子。

有两个妈妈，她们教育孩子的方式截然不同。第一个是学者型妈妈，因为忙于搞学术研究，她没有时间陪儿子读书，于是早早教会儿子查字典。这样，妈妈读书，儿子也在一旁读书，不认识的字就自己查字典，最后，这个男孩养成了爱看书会看书的好习惯。另一个是家庭主妇型妈妈，对儿子照顾得无微不至，儿子有不会的字就问妈妈，妈妈就不厌其烦地为儿子讲解，久而久之，这个男孩养成了不能独立读书的毛病。

这个案例给了所有父母一个启示，那就是男孩在成长的道路上，需要父母的正确指引。

在大部分家庭中，父母过于权威，一直支配孩子的成长，教导孩子干这干那，结果加剧了与孩子之间的矛盾，使孩子说出"你能不能不管我"这样的话。

那么，如何才能让男孩心悦诚服地接受父母的指引呢？

方法一，充分尊重男孩，缓解男孩的逆反心理。

青春期男孩不希望父母完全控制自己的生活。父母要想赢得男孩的尊敬和信任，必须要尊重男孩，当然，尊重不意味着放弃管教和惩戒。父母要正确对待孩子的缺点，帮助孩子改正错误；为孩子提供施展才能的机会；切忌伤害孩子的自尊心、自信心等。

方法二，少说大道理，用行动指引男孩。

尤其是对逆反心理严重的青春期男孩，父母要少说大道理，把空洞的语言转化为行动，从侧面引导、教育男孩。

一个男孩因为患脊髓灰质炎，留下了瘸腿和参差不齐且突出的牙齿。他自认为是世界上最不幸的人，在学校很少回答老师的问题，也很少和同学们一起游戏或玩耍。有一年春天，男孩的父亲拿回来一些树苗，分给孩子们每人一棵，并对他们说："谁栽的树苗长得最好，我就给谁买一件最喜欢的礼物。"男孩也想得到父亲的礼物，但看到兄妹们蹦蹦跳跳提水浇树的身影，他心生自卑，痛恨自己的腿，甚至生出一种阴冷的想法：希望自己栽的那棵树早点死去。于是，浇过一两次水后，他就再也不管了。几天后，男孩种的那棵树不但没有枯萎，还长出了几片新叶子，与兄妹们种的树相比更加茁壮。

父亲兑现了自己的诺言，为小男孩买了一件他最喜欢的礼物。从那以后，男孩慢慢变得乐观起来。一天晚上，小男孩躺在床上睡不着，便去院子里看望自己那棵树，结果看见父亲正在小心地给自己栽种的那棵树浇水。顿时，他一切都明白了……

从此，男孩更加努力，自信乐观地面对生活。他的成绩优异，老师也经常把他的作文当范文。男孩的善良与热情、自信乐观感染了许多人。几十年后，他成为了一位著名的作家，出版了许多受读者追捧的作品。

男孩的父亲观察到了儿子的情绪，但他没有长篇大论地叮嘱儿子要乐观，而是用实际行动帮助儿子，让儿子意识到生命的可贵和顽强。这种润物无声的教育方式很容易为青春期男孩所接受，男孩被感动了，他明白了父亲的苦心，也明白了生命的可贵，经过努力终于做出一番事业。

家长课堂

父母要不断地提高自己的情商、智商，开发自身的各种潜能，以平等的身份和孩子交流，正确引导孩子，帮助孩子顺利度过青春期这个"多事之秋"。

"我不想说!"——隔阂的墙到底有多高

一个男孩与朋友聊天时说:"父母和自己有年龄代沟,观念也不大一样。朋友之间年龄差距不大,观念相似,有什么事情还是朋友的开导更容易接受一些。"

这个男孩说出了大多数青春期男孩的心里话。这让很多家长感到苦恼:"为什么孩子从来不跟我交流?""我都不知道他每天在想什么。"

其实,青春期男孩不愿意与父母沟通,除了自身的生理与心理原因以外,很大程度上与父母不恰当的沟通方式密切相关。据调查显示,当孩子有事向父母倾诉时,大多数父母不会放下手中的活儿,注视孩子的眼睛去倾听;当孩子犯错时,父母常常唠叨、指责;大多数父母喜欢用"不要""不许"之类的语句禁锢孩子的行为。这自然导致男孩不愿意把心事告诉父母。那么,父母该怎样打开男孩的心扉呢?

方法一,学会倾听。

很多家长倾听时往往过分关注孩子所讲的是否与自己的想法一致,常常没有听完就妄下断言,或心不在焉。一个良好的倾听者需要全身心地投入,耐心倾听对方的诉说。这种良好的倾听习惯,可以让孩子感觉到被关注,有利于情感上的宣泄,获得心灵的慰藉。

方法二,换种方式与男孩交流。

亲子关系恶化时，言语交流也许难以达到沟通效果，这时，父母可以尝试其他方式，比如写信、QQ 留言等，避免正面交锋，消除孩子心理压力，而且读信有一个时间过程，可以让孩子冷静下来，从中体会到父母的爱，容易达到亲子沟通和交流的目的。

下面是一位妈妈分享的经验：

"有段时间，我发现儿子一回家就把自己关进房间，只在吃饭时出来一下，问他什么都是一脸的不耐烦。我认真地给他写了一封满含真情的信，先是肯定了他这段时间的表现，然后说出自己的忧虑和疑惑，希望他多与我交流。第二天早上吃完早饭，他把一封回信放在餐桌上。我看了以后才知道他被学校篮球队淘汰了，所以才闷闷不乐。我见儿子愿意与我分享心事，心里很高兴，又给他写了一封长信，告诉他挫折的意义，鼓励他振作起来，搞好学习。后来，写信成了我和儿子畅谈心事的方式，儿子一有事就给我写信，我也常常给他提出建议，之后他在各方面进步都不小。"

方法三，真诚交谈，避免唠叨。

青春期男孩很希望得到他人的认同和肯定，所以，父母平常和孩子谈话时应多用建议和商量的语气，尽量克制唠叨的习惯。遇到重大事情时，要严肃认真而又平和尊重地与孩子交谈，一起分析问题、解决问题。这样一来，孩子会感受到父母对自己的尊重，有事也会愿意与父母沟通。

方法四，创造和谐的交流氛围。

与孩子谈话时，要营造一种轻松、自然的气氛，比如吃晚饭、外出游玩时，不要把谈话搞得过于严肃，让孩子产生压力。当父母不再以自我为中心，开始关注孩子的成长、倾听孩子的心声时，孩子必将乐于和父母分享自己的心事。

家长课堂

青春期男孩渴望独立,内心极其敏感,家长要给予他充分的尊重和支持,让他敞开心扉,和家人分享心事,从而帮助他解决成长过程中遇到的困难和问题。

"我也要买名牌鞋!"——适合自己的才是最好的

随着经济的发展,人们的消费观念也在发生变化,社会上出现了追逐名牌的不良风气。青春期男孩正处于追求美的年龄,难免会迷恋名牌,许多家长为此感到担忧:

"儿子太追求名牌,衣服、鞋子、帽子、手机、电脑、手表都要名牌货。不给买就不高兴,只能顺着。"

"儿子刚上高一,虚荣心特强,明明有五六双名牌运动鞋了,还软磨硬泡让我又给他买了双600元的耐克鞋。"

"儿子才上初中,现在买衣服就习惯了不看价格只看牌子。新学期开学,文具、书包全要名牌货。我不是没有能力给他买,只是担心他过于追求虚荣而忽视了学习。"

青春期男孩追逐名牌有一定的原因:首先,他们正处于认识与评价自我的关键期,还在不断地寻找自我角色定位,父母和学校的教导已不是唯一的价值准则,他们渴望拥有自己的思想和价值标准。其次,青春期男孩喜欢模仿自己的偶像,或者想吸引异性的注意,于是产生了对名牌的渴求。

这也反映了青春期男孩自我意识的成长,父母毫不犹豫地大方付款或严厉拒绝、批评教育,都是不可取的。那么,父母要怎样引导青春期男孩不攀比呢?

方法一，告诉男孩要知足常乐。

磊磊看到班上不少同学穿名牌衣服，也要求妈妈给自己买某品牌的衣服穿。可是，这个牌子的衣服价格太高，妈妈就在地摊上买了件假的。磊磊穿着"名牌衣服"，兴奋地跑到学校，想要炫耀一番。谁知被同学看出是山寨的，对他大加嘲讽。磊磊回到家后又哭又闹，妈妈也感到很无奈。

后来，妈妈给磊磊讲了一个小故事：有个小男孩一直埋怨自己没有帅气的皮鞋，他向家人撒娇、吵闹，但是家里很穷，根本买不起皮鞋。小男孩对此耿耿于怀，直到有一天，爸爸带他到集市上买东西，看到一个失去了双腿的乞丐在乞讨。小男孩回家后，再也没有向父母要过皮鞋。妈妈问磊磊："你知道这是为什么吗？"磊磊摇摇头。妈妈说："那是因为小男孩知道了，自己只是因为没有得到一双鞋子而闷闷不乐，而那个乞丐却失去了双脚。"磊磊听了，若有所思地点了点头。

父母要让孩子懂得知足，明白贵的东西不一定就是最好的，适合自己才最重要。

方法二，父母自己不要攀比。

青春期男孩爱攀比往往和父母有一定关系，如果父母经常说"邻居家的孩子学习成绩比你好""某某的房子比我们家大"，孩子自然会受到影响，学习比不上，就会比一些物质的东西。另外，父母表扬孩子的时候，也要集中在品质表扬上，让孩子树立正确的价值观。

方法三，引导男孩将攀比化作动力。

青春期男孩有攀比心理，说明他内心有竞争的意识，想达到和别人一样的水平或超越别人。父母可以利用孩子这种上进的心理，改变孩子攀比吃穿、消费的倾向，引导孩子在学习、才能、毅力、良好习惯等方面和别人进行比较。

家长课堂

青春期男孩爱攀比，在某种程度上也反映了他内心的不自信。父母要注意通过各种小事培养男孩的自信心，让他明白自信心不是简单地靠物质支撑，而是源自丰富的内心、强大的能力和美好的品质。

"我们班某某的爸爸是老板!"——父爱不分贵贱

读高中的时候,有一年校园施工,有个工人经常来到教室外面,悄悄地把两个热气腾腾的包子塞给一个男孩。大家都很好奇工匠是男孩的什么人。男孩红着脸说是一个老街坊,还埋怨这个人老是来看他。后来,大家得知那位浑身泥浆的男人其实是男孩的父亲,包子是他舍不得吃省下来的。有一天,工匠突然跑过来喊着儿子的名字,男孩却恼怒地说:"我不认识你!"说完转身就走。工匠待在原地,两行清泪从他那水泥般青灰的脸上滑落下来。

故事中的男孩爱面子、虚荣心强,害怕当工匠的父亲给自己丢脸,竟然不认父亲。受社会风气影响,羡慕别人的父母有钱有权,这种想法在青春期男孩中确实非常普遍。在一个讨论父母的贴吧里,经常可以看到这样的帖子:

"我时常有这个念头:如果父母年轻时够努力,我现在的日子也不用这么痛苦。为了达到同样的目标,我要花 200 分的努力,而富二代只要花 20 分。"

"我很看不起我爸爸,他没什么本事,也没什么文化,一点也不懂赚钱,只知道吃和睡。我就要上高中了,他也不帮我选学校,我真的很担心。"

"开家长会的时候,很多同学的爸爸都是开车来的,只有我爸爸骑自行车来。我觉得自己的爸爸不如别人的爸爸,心里有点自卑，都不想让他来参加家长会了。"

父母们若看到这些帖子，一定会感到伤心，觉得自己付出再多也得不到孩子的认可。其实，对于青春期男孩来说，还没有树立起成熟的世界观和人生观，在周围环境的影响下，他们难免会产生这样的想法。父母应该让男孩明白，贫富并不代表一个人的价值，家庭条件也不能决定一个人的未来，未来应靠自己的不懈努力。同时要让男孩明白，每个家长对孩子的爱都是一样的。

方法一，让男孩明白劳动没有高低贵贱之分，只是分工不同，父母的工作虽然平凡，但是在社会上也是必不可少的。

父母在生活中可以多和男孩讨论这样的问题，比如"穿衣和吃饭哪个重要""只有企业家，没有普通人，产品靠谁生产""街边的早餐店如果取消了，周围的居民是不是很不方便"……通过讨论这些话题，让孩子渐渐明白任何工作都有价值，从事普通工作的父母也一样对社会有用。

方法二，帮助男孩树立正确的价值观。

青春期的男孩渴望被认可、关注和赞许，开始渴求自我价值的实现。他们会通过展示自己物质上的富足来给自己"标价"。著名作家易卜生有过一段极为精辟的话："钱能买来食物，却买不来食欲；钱能买来药品，却买不来健康；钱能招来熟人，却招不来朋友；钱能买来奉承，却带不来信赖；钱能使你一时开心，却无法使你得到幸福。"父母要让孩子明白，一个人真正的价值，应该来自于内在，要靠自己去发掘。贫、富都不能决定人生的价值。

方法三，鼓励男孩努力学习，靠自身能力去改变生活。

父母可以多给男孩讲一些古今中外的名人故事，让他明白出身普通家庭一样可以凭借自己的努力开创一番事业。

古希腊人说过："如果你顺其自然地生活，你就绝不会贫穷；如果别人怎么说你便怎么做，那你就永远不会变富。"父母要引导孩子树立正确的价值观，培养自立、自强的好品质，用自己的双手去实现人生价值。

"你们离婚吧！"——伤害往往来自于态度

德国著名心理学家海灵格说："健康的家庭宛如平地，孩子会成长为挺拔的大树；而有问题的家庭宛如悬崖，孩子为了保持家庭的平衡，会成长为奇形怪状的树。"

随着社会的发展，现代家庭结构越来越不稳定，一个不和谐的家庭环境，会对孩子的性格造成终身的影响。

当夫妻感情出现问题的时候，很多人选择为了孩子维持婚姻。但是，夫妻之间的冷漠给孩子带来的伤害也更长久。因此，当婚姻不可挽回时，父母除了解决自己的感情问题外，还要引导孩子理解父母的情感危机，帮助孩子平稳过渡。

方法一，讲明父母情感危机的原因，争取男孩的理解。

父母处理家庭问题的态度，对青春期男孩有很大影响，甚至会一直延续到他长大成人。当孩子有了自己的家庭，他可能还会受到童年时期家庭模式的影响。

婚姻本身没有对错，不管是维持现状还是选择分手，都是父母双方基于现实的正常选择。青春期男孩对情感并非一无所知，父母不妨把真实情况告诉孩子，寻求他的意见和谅解，好过瞒着他或者忽略他。

方法二，宽容配偶，不伤害对方在男孩心目中的形象。

不和谐的家庭环境会对人的一生产生深远的影响。离异家庭的男孩长大后，性格孤僻、感情冷漠，对婚姻家庭失去信心，也很容易离婚。所以，不管夫妻之间的矛盾如何严重，在孩子面前一定要做到互相尊重，维护对方作为父亲或母亲的尊严。

俊俊的父母很早就离婚了，但他并不了解详细的情况。离婚后，爸爸一有假期就会去学校看望他。而妈妈对爸爸的怨恨却很深，时常在俊俊面前指责爸爸不负责任。她对俊俊说，爸爸抛弃他们是因为他找别人了。俊俊慢慢地也开始恨爸爸。整个青春期，他每天都听妈妈抱怨爸爸是"负心汉"，心情非常压抑。等他长大成人，到了谈婚论嫁的时候，他对婚姻产生了恐惧心理。

方法三，离婚后不迁就、不溺爱男孩，培养其独立性。

在单亲家庭里，父亲或者母亲容易把重心转移到孩子身上，经常无原则地溺爱、迁就孩子。孩子觉得自己是父母婚姻的受害者，还会把怒气撒在父母身上。结果导致孩子处处以自我为中心，变得自私、专横、任性，缺乏同情心和责任感。对此，父母要培养孩子的独立意识，告诉他父母婚姻失败并不代表这个世界是黑暗的，鼓励他走出家庭，认识外面的世界。

另外，父母要重视孩子情感方面的需要，多给孩子提供精神上的支持，鼓励孩子积极参加集体活动，主动与人交往，培养其健康、开朗、乐观的性格。

父母婚姻失败带来的负面影响，常常会影响男孩的一生。其实，青春期男孩已对婚姻有了一定的了解，所以，父母感情出现问题时，要多与孩子沟通，争取他的谅解，帮助他树立正确的婚姻观。

"爸爸妈妈，我爱你们！"——爱要表达出来

一位妈妈在一个家教电视节目中倾诉了自己的心声：

"儿子今年13岁了，从小我就很辛苦地照顾他，从日常的饮食起居，到学习辅导、兴趣培养，都由我一手打理。可是孩子却很冷漠，从来没有对我表示过感谢，我有时抱怨他不知体谅我的辛苦，他反而表现得很不耐烦。我很失落，也很无奈。"

据调查显示，70%的小学生认为父母的付出是理所当然的，丝毫没有感恩之心。有的孩子还总觉得自己不幸福，稍不如意就大发脾气。许多家长像上述那位妈妈一样感到十分困惑：为什么我为孩子做了那么多，孩子却没有任何表示呢？

其实，这和许多家长只重视孩子的智力开发，而忽略对孩子的品德教育有关。

只有懂得付出，懂得爱的人，才会赢得他人的尊重和关爱。因此，父母要引导青春期男孩懂得感恩，学会付出和回馈。

方法一，用语言表达对男孩的爱。

很多父母在行动上常常无微不至地关心孩子，在言语上却羞于表达对孩子的爱。只有让孩子感受到爱，孩子才会去爱别人。所以，父母平时可以对孩子说："孩子，爸妈很爱你。""你是最棒的，我们为你感到骄傲。"

"你是上天送给我们的最珍贵的礼物。"以实际行动引导孩子学会表达和付出。

方法二,为男孩创造表达爱的机会。

青春期男孩有着敏感而复杂的情感,却羞于表达。

一个男孩在日记中写道:

"突然发现长这么大,很少甚至没有向父母表达过心中的爱,回想过去的某些片段心中惭愧。现在突然觉得应该表达出来了,可是竟不知道要怎么表达。我该怎样做呢?"

在日常生活中,父母可以为孩子创造表达爱的机会。比如,爸爸过生日,妈妈可以与孩子一起为他精心准备礼物,做一顿丰盛的美食,鼓励孩子对爸爸说出"我爱你",而爸爸感动于母子俩的爱心,常会流露出激动与喜悦,从而使孩子得到鼓励。

值得注意的是,父母要带着快乐的心情为孩子做事,让孩子明白父母的爱是不求回报的,千万不要强求得到孩子的感激。那样的话,爱会成为一种负担,给孩子造成心理压力,不仅不会引起孩子的感激,反而会使孩子产生叛逆和对立,更谈不上表达爱了。

家长课堂

父母要让青春期男孩学会表达爱,感受每一次表达后父母回馈的喜悦,从而使他乐于表达,并把表达爱当成一种习惯。这样男孩便能体会到人世间最美好的情感,长大后会把这种情感传播给他人。

"我下次一定改正!"——主动认错是勇敢的表现

冬冬放学回到家就偷偷地躲进房间里,妈妈叫他出来吃晚饭,他推托说自己功课忙。不一会儿,爸爸下班回来了,问妈妈有没有看到年初朋友送的一副羽毛球拍。妈妈说没有。爸爸嘀咕着,那副球拍很贵重。这时,冬冬的房门打开了,他满脸自责地走出来,说球拍被他弄丢了。他本来约好同学下午一起打球,回家的路上和同学打打闹闹,结果在买冰激凌的摊位上丢失了球拍。爸爸听冬冬说完,微笑着说:"没关系,重要的是勇于承认错误,你做得很好。"

有句名言叫"畏惧错误就是毁灭进步",犯错了并不可怕,只要敢于面对错误,从错误中吸取教训,就值得鼓励和赞赏。孩子是伴随着错误而成长的,所以,当孩子犯了错,父母不要急于批评,要引导孩子勇于承认错误,知错就改,这样孩子才能逐渐成熟。

方法一,允许男孩犯错,让他知道承认错误并不丢脸。

敢于承认自己的错误是养成诚实品德的第一步。父母要允许孩子犯错误,同时营造一个宽松的家庭氛围,让孩子有时间和机会去反思自己的错误,从而有勇气承认错误。反之,如果父母不能容忍孩子有一丁点错误,动辄批评和指责,会让孩子觉得认错是件可怕的事情。

方法二,认真倾听男孩的解释。

孩子的成长是一个不断犯错、不断改善的过程。当孩子犯了错误，父母应该用发展的眼光去看待，不要一味盯着错误本身。

列宁小时候到姑姑家里做客，玩"捉人"游戏时，他不小心碰到桌子，摔碎了花瓶。姑姑问大家："谁把花瓶打碎了？"列宁和其他孩子一样，说："不是我打碎的。"回到家后，列宁闷闷不乐，妈妈问他发生了什么事情。列宁把自己说谎的事告诉了妈妈。妈妈并没有生气，也没有责备他，而是表扬他敢于承认错误，鼓励他向姑姑说明一切。后来，列宁给姑姑写了一封信，承认了错误。不久，姑姑回信说："你做错了事，敢于自己承认错误，就是个好孩子。"

列宁妈妈宽容地对待孩子的错误，并给予他鼓励，使他鼓起勇气向姑姑承认了错误。这种做法值得很多父母学习。

方法三，对男孩及时进行教育，让他树立正确的是非观。

孩子做错了事，父母要及时进行教育，以理服人，让孩子明白自己所做的事情为什么不对，并想办法进行补救。同时根据孩子的能力、爱好、性格和特有的心态，对孩子循循善诱，使他能认清方向，少走弯路。

家长课堂

在家庭教育中，父母要学会宽容对待孩子的错误，对孩子动之以情，晓之以理，以信任、友好的态度对待孩子的错误，同时让孩子知晓错误所在，明白错误的危害，并找出补救的办法，从而缓解孩子的紧张心理，让孩子敢于承担责任，改正错误。

第七章
学海无涯，奋斗的青春最美丽
——行舟之旅并非一帆风顺

"书山有路勤为径，学海无涯苦作舟。"进入青春期后，男孩的学习压力更大，常常出现厌学、缺乏自控力、自卑、粗枝大叶、半途而废、考试焦虑等状况。学习中的很多问题容易使男孩产生消极情绪，这种情绪反过来又会影响学习和生活，造成恶性循环。对此，父母要密切关注男孩的心理和学习状况，及时给予指导，做他求知路上的明灯。

"我讨厌学习！"——激发对学习的兴趣

随着社会的发展，许多没有文凭的人靠自己的努力成功了，而很多大学生却面临就业危机，社会上开始流传"读书无用论"，这给青春期男孩造成了很大的负面影响。很多孩子因此失去了对学习的兴趣，加上课业繁重，成绩难以提高，他们更加厌学。

一位班主任说："不少同学在QQ中向我抱怨，现在学的东西有什么用啊，解析几何、立体几何这么难，生活中也用不到啊。"

一位妈妈说："孩子不想读书，理由是读书没什么用，他们的父亲只是初中毕业，甚至小学毕业，可现在一样是身家几千万的老板。现在大学毕业找不到工作的人比比皆是，孩子说读书考大学有什么用呢？"

面对青春期男孩在学习上的困惑，父母应该怎样给予帮助呢？

方法一，跟男孩一起学习，体验学习中的苦和乐。

言传不如身教，父母与孩子一起学习，营造浓厚的家庭学习氛围。比如和孩子一起解决难题，让孩子体验到学习中的成就感。

方法二，鼓励男孩涉猎不同领域，把理想和学习结合起来。

一名重点中学的学生在作文中写下了自己的困惑：如今社会能力比知识、学历更重要，看学校的一些同学每天学习十四五个小时，都变成书呆子了，还不如多花一些时间来培养自己的能力。现在的教育都是为了考试，培养的是"高分低能儿"！

这位中学生因为质疑当今的教育制度而产生了厌学心理。遇到这种情况，父母要多方面开导，多给孩子提供参加社会活动的机会，以弥补学校教育的不足。比如带孩子去科技馆或博物馆，培养他们探索大自然的兴趣，激发他们的好奇心和求知欲。如果孩子从小就树立远大的理想，那么就可以在学习中找到与理想的结合点，从而激发学习兴趣。

方法三，从周围人中寻找榜样，增强男孩学习的动力。

很多孩子都会有厌学心理，他们心里的"榜样"就是那些没上多少学却获得了成功的人。父母身边如果有这样的人，不妨邀请对方到家里，和孩子交流一下成长的过程，让孩子明白这些成功人士经历了不为人知的磨难，如果能学习更多的知识，成就也许会更大。社会的发展需要知识，"读书无用论"是站不住脚的。

> 陈镇贪玩、懒惰、不思进取，沉迷于看闲书，成绩一塌糊涂。父母为此不止一次地引导或惩罚他，但是都毫无效果。后来，父母征求班主任的意见，决定利用榜样来引导他。他喜欢看书，父母就买了一套毛泽东的传记放在家里。陈镇翻了几页后觉得挺有意思，便认真读了起来。这套书有10多册，讲述了毛泽东一生的传奇经历。陈镇被其中的故事渐渐吸引住了，特别是少年毛泽东求学的那些故事，深深感染了他。他的求知欲被点燃了，开始变得勤奋好学起来。同时，他在学习方法和体育锻炼上也开始模仿少年毛泽东，比如"不动笔墨不读书"、经常早起锻炼身体等。后来，他成了毛主席的忠实粉丝，把少年毛泽东当做自己学习的榜样。他的成绩渐渐提高了，最终顺利地考上了大学。

家庭素质教育专家周天教授认为，"培养孩子的学习能力，协助孩子养成好的学习习惯",这是让孩子爱上学习的关键和核心;"学会赏识孩子,鼓励孩子,让孩子感觉你以他为荣",这是最好的教育方法。

父母都希望孩子成长为栋梁之才,所以有时就会采取一些急功近利的管教方法,结果却适得其反。青春期男孩在学习中易产生逆反心理,父母要耐心了解孩子的想法,帮助孩子找到厌学的原因,慢慢树立对学习的信心。

"我想看会儿电视。"——自控力决定未来

很多父母都有这样的困惑：

"我家孩子已经上初中了，最近老师经常和我说，孩子上课的时候总是搞小动作、说闲话、不听课，不管怎么说都没用。孩子的自控力这么差，应该怎么培养呢？"

"我的儿子今年上高中了，还跟个孩子似的，在家很难踏实坐下来学习，要是专心的话学新东西也很快，总说不喜欢去学校坐着。现在的问题是他马上要面临高考了，如何才能提高他的自控力？如何帮助他喜欢上学？如何培养他的上进心？"

自控力是孩子在学习过程中，为实现学业目标，自觉按照社会要求和一定的内在标准，对外部环境，对自己的情感、欲望、行为等加以控制的能力。青春期男孩的主要任务是学习，在学习中适当地提高自控力，不但对学习有益，而且还能促进个体性格的发展。缺乏自控力是人生路上的拦路虎，父母应该有意识地锻炼青春期男孩的自控力。

方法一，有意识地教给男孩一些增强自控力的方法。

父母应主动学习一些增强自控力的方法，如转移注意法、心理暗示法、回避刺激法、积极补偿法等，通过这些方法调节男孩的情绪，让他反复试用这些方法，寻找其中最有效的。

有位父亲是这么做的：

"有一年端午节，我正包着粽子，儿子觉得挺好玩，就让我教他，但总是包不成。他开始不耐烦了，就说不学了要去看电视。于是我说：'你想不想中午吃到香甜的粽子，咱俩一起合作吧。'他听了就过来帮我，在这个过程中渐渐学会了一些包粽子的技巧。中午一家人吃饭的时候，我告诉大家，粽子是我和儿子一起包的。大家一听也赶紧捧场：'怪不得今天的粽子特别好吃呢！'我趁机教育儿子：'学习也是一样，不能轻易放弃，要有意识地锻炼自己的自控力。你看，包粽子不是也很简单吗？'儿子听了，认真地点了点头。"

方法二，帮助男孩树立责任感。

青春期男孩的责任感越来越强，父母应充分让男孩意识到自己肩负的重担，认识到学习的重要性，从而加强自控力的培养，做好自己的每一件事。

方法三，在日常生活中训练男孩的自控力。

比如何时起床、何时就餐、何时到校，都可事先制定规则。在这些规则的约束下，孩子会努力克服自己的惰性。

15岁的李子阳是名初中三年级的学生，他乐于助人，表达能力强，头脑聪明，但是做事有始无终，自控力差。做作业时，他总是东张西望，很容易分心。为了帮助他提高学习效率，父亲为他制定了详细的计划：每天放学回到家，先做一部分作业，父亲检查过关后，允许他在吃饭时看一会儿电视。吃完饭后，继续看书写作业，如果效率高、完成得好，就允许他看一会儿足球赛。和父亲达成协议后，他不用总是借去客厅倒水的机会偷看电视了，效率提高不少。慢慢地，父亲又逐步延长学习时间，让他保持长时间的注意力。经过大半年的训练,他慢慢养成了良好的学习习惯。

需要提醒的是,父母在这个过程中千万不要迁就孩子,应让孩子明白什么事情对自己有利,什么事情对自己有害。生活中潜移默化的作用非常大,当孩子不再由着自己的性子去做事,在行动之前有所考虑、有所节制时,学习上的自控能力也就养成了。

如果孩子自控能力较差,父母就要把外在的约束力转化为孩子内在的自制力,启发孩子自觉养成良好的学习习惯,抵御外界的不良诱惑,通过自我锻炼形成比较稳定的意志品质。

"我记不住东西。"——记忆力也需要不断训练

某班开完家长会,班主任身边围着一群家长,七嘴八舌地讨论着。有的说:"我儿子最近眼神涣散,课文背不下来,问他问题一问三不知,不知道怎么了。听一位心理医生朋友说,催眠能提高记忆力,这是不是真的呀?如果是的话,我下周就带儿子去找催眠师试试。"有的说:"孩子记忆力不好,晚上背的单词,老师第二天听写,他就写不出来了,这可怎么办?"还有的说:"都初三了,孩子记忆力不好,成绩上不去,急死我们了。"

进入青春期后,男孩学习压力增大,每天要往脑子里装英语单词、数学定理、物理定律、化学公式、历史年代、地理标志,没有好的记忆力是不行的。越记不住东西压力越大,压力越大越记不住东西,慢慢变成恶性循环,严重影响学习成绩。

针对这个问题,父母应该怎么做呢?

方法一,为男孩大脑发育做好后勤保障。

青春期男孩正值身体生长高峰期,保证合理的膳食有助于提高记忆力。父母要科学、合理地安排饮食,注意为孩子补充大脑发育所需的各种营养,适当进补一些有助于增强记忆力的食物。另外还要引导孩子养成良好的运动习惯,训练提升记忆力。

方法二，营造和谐、宽松的家庭环境。

宽松和谐的家庭环境有利于减轻孩子的学习压力，心情放松了，再进行记忆力训练就会事半功倍。对此，父母要做到：多看书，并经常就书中的问题展开平等的讨论（孩子在轻松的氛围中能记住更多知识）；生活规律，早睡早起；给孩子独立的空间，父母不轻易打扰等。另外，父母还可以组织背诵比赛、成语接龙等小活动，调节孩子紧张的学习生活。

方法三，教给男孩一些高效的记忆方法。

教育学家和心理学家总结出来的一套科学的记忆方法，可以训练孩子的记忆力，如图像记忆法、联想记忆法、歌诀记忆法、辨异记忆法、故事记忆法、分类记忆法、列表记忆法、系统记忆法、卡片记忆法等。父母可多方面了解科学的记忆方法，让孩子灵活运用，形成习惯，就能取得最佳的记忆效果。

方法四，有意识地与男孩一起进行记忆力训练。

小易上初中时，妈妈给小易买了很多书，并且有意识地锻炼他的专注力，要求他要看完一本才能看下一本，不能一会儿看这本一会儿看那本。妈妈还会选择一些适合他学习的知识，让他在规定的时间内学完，然后给予奖励。

当小易很认真、很专注地去做一件事时，往往完成得又快又好，受到了父母的表扬，他自己也很高兴。在妈妈的训练下，小易记东西越来越快，记忆力也越来越好。在省实验中学这个高手云集的学校，小易不上晚自习，不请家教，每次考试还能拿高分，甚至领先第二名几十分，这与其记忆力训练密不可分。

由此可见，记忆力也需要不断训练，熟能生巧。当孩子大脑里有了正确记忆的意识，把记忆当成一种本能，记忆力就能实现质的飞跃。

家长课堂

当男孩出现记忆力下降、成绩退步的情况时,父母千万不要慌,应寻求科学的记忆方法,营造和谐、宽松的学习氛围,对男孩进行相应的记忆训练,帮助他走出学习的困境。

"我对数学没有兴趣。"——多管齐下,补上孩子的"短板"

一位家长很无奈地讲述了儿子偏科的经历:

"我儿子正在上初中,偏科严重,数学只能考十几分,虽然其他科目的成绩还行,但是进入重点高中的机会比较渺茫。他一直想进重点高中,但是数学成绩却让他感到气馁。最近他经常在家人面前说'没劲''不想上学'。我试过很多办法,比如找数学老师谈、找家教给他补课,但是他自己已经丧失信心了,不管我做什么,他都提不起精神来。"

当孩子出现严重的偏科时,不仅纠正困难,而且会直接影响以后的发展,比如有的孩子天赋高、潜质好,却受困于偏科而不能如愿考进大学,接受更好的教育,实在可惜。

因此,偏科现象应引起父母的极大重视,为了补上孩子的"短板",父母不妨从以下几方面入手:

方法一,列举身边的例子,让男孩明白偏科的危害。

由于先天的个体差异客观存在,进入学龄之后,孩子的差异就会反映在文化课程的学习上。紧接着,孩子学习的注意力也偏向于感兴趣的科目,导致强的科目更强,弱的则更弱。根据著名的木桶理论——装水量由最短的那块木板决定,偏科危害很大,很多孩子因为偏科失去了学习深造的机会。父母可以举几个典型的例子说明偏科的危害，让男孩意识到改正偏科的紧迫性。

方法二，防患于未然。

对于偏科，防比治重要，早治比晚治容易。当孩子偏科严重时，父母应该帮助孩子克服心理障碍，逐渐树立自信，继而为他创造条件，提高他对薄弱学科的兴趣。父母也可以给孩子买一些习题册，让孩子参加课外班等。

方法三，家庭、学校合力，共同纠正偏科现象。

很多青春期男孩对父母有逆反心理，但在学校却有自己喜欢、尊重的老师。基于此，父母可以借助学校这个第三方力量，共同努力，纠正孩子的偏科现象。

下面是一位家长的成功经验：

"儿子非常喜欢语文课，课外喜欢读小说、看电影，这本是一件好事，语文老师也很支持。但是，由于他太痴迷于读小说等课外读物，完全没有时间学习数学，影响了整体成绩。我们提醒过他很多次，但效果都不佳，加上他在学校住宿，我们更是监控不到位。我知道儿子很喜欢语文老师，而且语文老师也比较欣赏他。于是，我们决定请语文老师出面。语文老师找了个机会，对我儿子说：'看课外书很好，但是合理分配时间才能"营养均衡"。'儿子很听她的话，果然收敛了不少。在家里时，我们让儿子做数学习题，儿子常常口头答应得很好，行动上却很松懈。后来我们向班主任反映了这个情况，班主任在儿子心目中很有威信，儿子对她既爱戴又敬畏。回家后，我告诉他，班主任以后会每天晚上督促他做数学题。他非常惊讶地说：'原来班主任这么关心我的学习！'从此，儿子每天晚上都会和班主任通一次电话，坚持做数学题。一个学期下来，他慢慢纠正了偏科，总体成绩也有了很大提高。"

家庭与学校是学生学习和生活不可分割的两个方面，只有当学校教育和家庭教育配合得当，形成合力，才能更好地达到教育目的。

青春期男孩偏科现象十分普遍，危害也很大。父母应让孩子了解偏科的危害，同时和学校加强配合，帮助孩子树立信心、培养兴趣，努力提高自己的"短板"。

"我就是不如别人。"——自卑是自信的绊脚石

在一次教育研讨会上,一位教师谈了这样一件事:

他们学校有个男生,公认的品学兼优,可他总觉得自己不如别人。更要命的是,他认为自己唯一的优点就是学习成绩好,而成绩好也是他"死用功"得来的。有时看到别的同学朝气蓬勃的样子,他非常羡慕,更觉得自己低人一等。他常常闷闷不乐,不与同学交流。同学们觉得他性格孤僻,渐渐地很少和他来往。高三时,他的学习成绩依然很好,但他对自己却越来越没有信心,害怕失败,一度产生了弃考的念头。在这种情绪的影响下,他的高考成绩不太理想,勉强考上了一所普通大学,留下了终身的遗憾。

这个男生的自卑情结持续那么久,最后严重到影响学习成绩和人生发展,由此可见自卑心理对一个人的影响有多大。

孩子到了青春期通常会变得十分敏感,父母要密切关注孩子的情绪变化,当孩子流露出自卑情绪时,要及时沟通,帮助孩子树立自信。

方法一,引导男孩客观评价自己的优缺点。

父母要引导孩子客观评价自己,认识到每个人都有长处和短处,要学会放大自己的长处,建立自信,大胆说出"我能行"。同时让孩子认识到

改掉缺点也是帮助自己进步，真正克服"我不行"的错误评价。科学、合理的评价有利于孩子正确认识自己，帮助他树立敢于面对困难、战胜困难、取得胜利的自信心。

方法二，帮助男孩找到自卑的原因，对症下药。

男孩自卑的原因有很多，有的觉得自己个子不够高，有的觉得自己英语说得不好，有的认为自己家庭条件不如其他同学……不管是什么原因导致的自卑，都会影响到孩子对学习的态度。父母应根据孩子的实际情况对症下药，比如孩子觉得自己个子不够高，父母可以举邓小平、拿破仑等伟人的例子，让孩子明白个子矮的人照样可以取得很高的成就。

方法三，充分相信男孩，经常鼓励和表扬他。

青春期男孩心理不够成熟，成绩下降时，父母的责难容易使他产生自暴自弃的想法。如果父母能多说一些"再努力点，就会成功的""努力吧，你下次肯定会考好"等鼓励的话语，便能增强孩子的自信心。父母要善于捕捉、发现孩子身上的"闪光点"，关注孩子每一个小小的进步，帮助他树立信心。

方法四，让男孩在自己擅长和喜欢的领域增强自信。

> 有一位老师叫学生写下自己的理想，一个驯马师的儿子写道："我将拥有一个大牧场，牧场上养着千匹骏马……"他甚至还画了一张设计图交给老师，但老师只给了他"差"，并评价说："不切合自身实际。"多年后，这位老师在参观完一个大牧场后流下了悔恨的泪水。原来，驯马师的孩子在作文被给"差"后，回家对父亲说了在学校的感受。父亲和老师的看法不同，他说："孩子，虽然我们家很贫穷，看起来难以拥有牧场，但是你那么喜欢驯马，一定能在自己擅长的领域做出成就。你一定要对未来充满信心，我相信你！"男孩听了备受鼓舞，最终以自信和勤奋实现了当初的梦想。

父母应该根据男孩的兴趣和爱好，鼓励他参加自己擅长的活动，在活动中展示才华，获得成功的体验。男孩在享受成功喜悦的同时将增强自信心，而自信心的增强又会转化为强大的学习动力，从而拉近与成功的距离。

家长课堂

研究表明，男孩良好的个性品质，尤其是自信心，决定了男孩未来的成就。所以，父母要多关注这一时期的男孩，给予他更多的帮助，帮助他正确认识自己，对学习、对未来树立信心。

"我的进步好慢。"——成功不可能一蹴而就

青春期男孩全身心投入学习后,成绩会有所提升,但很快又会到达一个瓶颈,这时,他们难免会沮丧。尤其是初三和高三的学生,因面临大考,心情更加急迫。

这是一个男孩的学习总结:

> "昨晚把之前做的练习题分析了一下,发现了一个十分令我沮丧的问题:学英语这么久了,怎么没有明显的进步呢?错过的题重新做一遍还是错,整体水平还是原地踏步。太郁闷了!我最有信心的就是阅读和写作,可是为什么做语法选择题和翻译题的时候就错误百出呢?"

其实,不管是大考还是小考,相当多的学生会出现一段时间的学习效率停滞,甚至学过的知识也记忆模糊,于是开始烦躁,无法静下心来学习。

出现这种情况的时候,父母要帮助孩子缓解压力,让孩子明白学习不可能一蹴而就,需要循序渐进的积累。

方法一,和男孩一起学点心理学。

现代心理学认为,知识量的增加有一个量变到质变的过程。

下面这则故事,可以让男孩明白循序渐进的道理。

1984年，在东京国际马拉松邀请赛中，名不见经传的日本选手山田本一出人意料地夺得了世界冠军。当记者问他是怎样取得如此惊人的成绩时，他说："凭智慧战胜对手。"大家都不明白他说的'智慧'是什么意思。10年后，他在自传中道出了'智慧'的真相："每次比赛之前，我都要乘车把比赛的线路仔细地看一遍，并把沿途比较醒目的标志画下来。比如，第一个标志是银行，第二个标志是一棵大树，第三个标志是一座红房子……这样一直画到赛程的终点。比赛开始后，我就以百米赛跑的速度奋力向第一个目标冲去，等到达第一个目标后，我又以同样的速度向第二个目标冲去。40多公里的赛程，就被我分解成这么几个小目标轻松地跑完了。起初，我并不懂这样的道理，我把我的目标定在40多公里外终点线的那面旗帜上，结果我跑到十几公里时就疲惫不堪了，因为我被前面那段遥远的路程给吓倒了。"

正是这种化整为零、循序渐进的方法，帮助山田本一获得了世界冠军。

方法二，帮助男孩克服生理与心理疲劳。

学习进步不明显，很可能是因为长时间的紧张学习造成疲劳。生理疲劳与心理疲劳积累到一定程度后，就不利于进步。此时，父母要适当降低要求，引导孩子劳逸结合，让他明白学习成绩不能决定一切，知识也不是一朝一夕就能全部吸收的。

方法三，引导男孩及时调整学习方法。

经过一段时间的刻苦学习后，孩子的进步变慢了，父母可以引导他根据不同阶段的学习内容，适当调整学习方法与思维方式，以达到事半功倍的效果。

总之，学习要扎扎实实，由浅入深，循序渐进，才能真正学有所得。

循序渐进是学习知识的普遍规律。"不积跬步,无以至千里;不积小流,无以成江海。"学习是知识不断积累、从量变到质变的一个过程,只有战胜焦虑,才能取得理想的成绩。

"我经常熬夜。"——科学作息有助于提高学习效率

在某所重点中学的"高三吧",很多高三学生留言说:

"为了提高成绩,我天天熬夜到凌晨,可成绩却不见提高,上课有时还听不懂老师在讲什么。"

"每日凌晨1时签到,我们一起拼了吧!"

"我是凌晨2点睡,5点起。一起加油吧!"

"熬夜时要吃热的东西,晚饭不能吃太饱,一定要有足够多的白开水;熬夜无论多累,中间不可上床休息;熬夜时,要不时做深呼吸。"

这些高三学生精神可嘉,但是,这样熬夜就一定能提高学习成绩吗?答案是否定的。

很多教育学家都提到过合理分配时间、科学作息的重要性。学生在学习时,应该交叉进行各个学科的学习,并适当安排体育活动和课余生活。在疲劳的状态下熬夜学习,常常会事倍功半,久而久之,成绩不升反降,严重损害孩子的自信,甚至产生厌学心理。

当孩子出现上述情况时,父母要及时引导他科学安排作息。

方法一,举例说明科学作息的重要性。

父母可以给男孩举一些古今中外成功者的例子,让男孩了解科学作息对于一个人的成功具有重要作用。比如马克思,他通常工作几个小时就停下来散散步,活动一下身体;有时穿插阅读莎士比亚、巴尔扎克的文学作品;有时还和孩子玩上一会儿,使大脑放松一下,然后再以饱满的精力投入研究工作。

现实生活中也有很多鲜活的例子。比如,很多学习成绩好的同学并不熬夜,他们上课认真听讲,课下认真完成作业,科学作息,始终保持旺盛的精力。

一个高中毕业生给学弟学妹提建议说:

"坦白说,高中3年我从未熬过夜,而是按时睡觉起床,上课认真听讲,完成作业。高考时考了579分,自己还算满意。我们班有几位喜欢熬夜的同学成绩并不好,因为熬夜影响第二天的学习,效率很低,时间长了对身体健康也有影响。大家千万不要过度依赖熬夜,觉得那样做就是刻苦,其实对提高成绩并没有太大的帮助。"

方法二,监督男孩的作息时间,及时提出建议。

青春期孩子一般要有8~9个小时的睡眠时间,才能恢复大脑的功能,保证身体正常发育。如果孩子面临大考,常常开"夜车",父母就要及时提出建议,并监督孩子的作息时间,防止大脑过度疲劳,以提高学习效率。

家长课堂

对于孩子熬夜,父母一定要尽到监督和引导的责任,帮助孩子合理安排作息时间,让孩子明白学习、休息、锻炼和娱乐是相互促进的,从而健康、快乐地成长。

"我没有头绪。"——提前计划效率高

李想马上就要参加中考了,他的成绩在班里算是中上游,正好处于重点中学录取线的边缘地带。上了初三以后,他起早贪黑,吃完饭就把自己关在房间里,学习到凌晨一两点。可是,最近两次模拟考试,他的成绩下降了许多。这下可把父母急坏了,不明白为什么会这样,只得向班主任求助。班主任对李想进行了一次家访,发现他学习缺乏计划性。比如,今天晚上复习数学、英语和语文三门课,他一会儿拿起数学书做两道习题,如果遇上了难题,就背一会儿古诗,稍微觉得有点困难,又换本英语书看一会儿……一晚上下来,他忙忙碌碌,每科都学了一点,但都没有深入学习,收获很少。

实际上,李想的问题也是很多父母的困惑:孩子每天都规规矩矩地坐在书桌前,一副很努力的样子,但是学习没有计划,完全凭心情,想起学什么就学什么,效率十分低下。

当孩子处于这种无计划的学习状态时,父母应反省一下自己在生活和工作中是不是也毫无计划。如果确实如此,父母除了要改变自己的做事方式,还要指导孩子制订学习计划。

方法一,劳逸结合。

制订学习计划就是把孩子每天的时间充分利用起来,同时讲究劳逸结

合，养成一种健康而有规律的生活。

方法二，将远期计划和近期计划结合起来。

远期计划可以是一个阶段、一年或者一个学期，近期计划则是每周、每天甚至还有每小时计划。远期与近期计划结合，明确孩子的目标，就能脚踏实地，从点滴做起，为学习打好基础。

方法三，根据各学科的特点、规律和自身的基础来制订学习计划。

每个学科的学习规律不一样，每阶段的学习重点不同，每个人的学习基础也有差别。父母在引导孩子制订学习计划时，要结合孩子自身情况，制订各科学习的具体措施和时间安排，以达到最佳学习效果。学习有规律了，效果也就明显了。

总的来说，计划的制订应建立在孩子对自己的情况有正确、客观了解的基础上。父母要善于引导孩子结合自己的实际情况，灵活调整计划。

古人说："凡事预则立，不预则废。"由此可以看出提前做计划的重要性。父母在指导孩子制订学习计划的时候，要切合实际，明确孩子的学习情况，确定学习起点，计划一旦制订就要严格执行，帮助孩子一步步走向成功！

"这么简单的题还错了!"——不要让粗心成为习惯

时常可以听到父母抱怨男孩学习太粗心,经常出现抄错题目、看错要求、漏答试题等低级错误。而不少男孩也把自己考试成绩不理想的原因归结为粗心大意:"我并不是不会,只是考试时粗心了,下次我一定不会那么粗心。"然而,下次考试他们依然会犯同样的错误。

那么,父母应该怎么帮助孩子改掉粗心大意这个毛病呢?

方法一,帮助男孩查找粗心导致错误的根源。

粗心分为很多种,有的是因为知识掌握不扎实,有的是因为做题习惯不好,有的是因为孩子本身性格急躁。父母可以和孩子一起查找粗心的根源,对症下药,帮助孩子改掉粗心的毛病。

陕西文科状元谢尼,高考以686分考入北京大学光华管理学院,他的经验就是用"错题集法"改正粗心的毛病:

"错题集是许多成绩好的学生必备的,我也不例外,而在这里我强调的是如何充分利用自己的错题集。错题一般可以分两种:一种是自己根本不会做,因为太难了,没有思路;另一种是自己会做,因为粗心而做错。我觉得,最有价值的错题是第二类。因为粗心有许多种,我们也要分析它。第一,看错题目。是看错数字还是理解错题意?为什么会看错题?怎么样误解了题意?以后会不会犯同样的错误?第二,切入点、思路出错,这样的思维解法根本不适合这类题目。第三，计算错误。为什么会算错？有没有方法杜绝？怎样才能真正做到细心？其实在高考中，有多少题目是你不会做的呢？如果你能把自己粗心的错误杜绝，那么在高考中一定会取得非常好的成绩。"

方法二，训练男孩专心做题。

父母可以根据孩子的学习水平，准备几张试卷，在规定时间内，看孩子的完成率和正确率如何。这样不仅可以锻炼孩子的做题速度，还可以锻炼孩子的专注力。

方法三，教给男孩战胜粗心的方法。

孩子做作业、考试粗心，父母不能靠反复叮嘱，而要告诉孩子如何战胜粗心。孩子掌握了方法，才能有效地杜绝粗心的现象。

在这方面，有位家长分享了自己成功的经验：

"儿子很粗心，作业和考试错误不断。期终考前，我检查了他所有的作业，结果令我十分失望：错题中有大部分题目是因粗心而错。后来，我发现儿子做题没有检查的习惯，盲目追求速度，把检查工作全部留给家长和老师。我查了一些与教育相关的书籍，针对儿子的情况，向他提出了几个要求：放慢写作业的速度，做每一步都要确认。儿子一开始不情愿，但还是照做了。渐渐地，他的粗心现象明显减少了，成绩也有所提高。"

方法四，不要让男孩疲劳学习。

男孩做作业，一般是前半部分质量好，后半部分质量差，这是因为学习时间太长，身心疲劳了。长时间持续学习，会导致学习能力减弱、效率降低、错误率增加。对此，父母要引导孩子适当休息，缓解疲劳，从而有效减少粗心的现象出现。

 家长课堂

造成青春期男孩粗心大意的原因有很多,父母不要着急,不能一味责备,而要多与孩子交流,找准原因,对症下药,让孩子在错误中吸取教训,积累经验,逐步战胜粗心大意,提高学习成绩。

"我做不下去了。"——成功总在坚持之后

孩子做事三分钟热度，不仅父母倍感头痛，孩子自身也十分苦恼。

"我儿子14岁了，并不比别的孩子笨，但就是没有耐心，做事总是虎头蛇尾、半途而废。学习上如此，做别的事情也是三分钟热度。我总想纠正他，但他妈妈说，孩子还小，长大自然会好的。请问是这样吗？我是不是该引导他？"

"不管做什么事情，我总是刚开始的时候很起劲，过了一段时间就不想做了，上英语辅导班、学口琴等，都半途而废。请问我该怎样做才能克服这个缺点？"

一般来说，做事容易半途而废的孩子，往往意志力较差，对一件事情不能长久地集中注意力。他们做事很少能够成功，这样又会导致自信心不足，甚至产生自卑感，形成恶性循环。

从家庭教育的角度来看，产生这种现象的原因主要有四种：一是父母自身做事存在问题，影响了孩子习惯的养成；二是父母过于溺爱，常常代替孩子做事；三是孩子意志力差，一遇到困难就退缩；四是父母要求过高，脱离了孩子的实际能力，导致孩子畏惧困难。

对此，父母可以从以下几个方面进行引导：

方法一，父母要做出榜样。

父母的言行举止都可能成为孩子模仿的对象，所以，父母首先要改正自身做事半途而废的毛病，从而达到言传身教的目的。

方法二，给男孩提供独立做事的机会，树立自信心。

很多孩子遇事不愿动脑筋，一有困难就打退堂鼓，就是因为父母平时包办代替成习惯了，孩子没有锻炼的机会。父母可以让孩子试着独立完成一项任务，树立他的自信心。

方法三，鼓励男孩勇于向困难挑战。

很多青春期男孩的抗挫折能力差，一遇到困难就退缩或者逃避。父母要有针对性地让男孩经历一些挫折，鼓励他战胜困难，从中体验到成就感，提高自信心。

方法四，适当降低对男孩的要求。

如果父母要求太高，孩子的实际能力无法达到，受挫感会让他不敢尝试，无法坚持下去。有这样一个实验：将一只跳蚤放进没有盖子的杯子里，跳蚤轻而易举地跳出了杯子。接着，用一块玻璃盖住杯子，跳蚤每次往上跳时，都会撞到玻璃。最后即使把玻璃拿掉，跳蚤也不再愿意跳了。

这种心理效应在青春期孩子中普遍存在，当孩子经过一定的努力而没有达到预定的目标时，便会灰心丧气，久而久之，养成了半途而废的学习习惯。对此，父母要根据孩子的实际情况，提出合理的要求，让孩子通过努力能够实现目标，慢慢克服半途而废的毛病。

19世纪最有成就的科学家之一巴斯德说过："我唯一的力量就是我的坚持精神。"青春期是孩子性格塑造和能力培养的关键时期，父母要引导孩子勇于向困难抗争，与自己的意志抗争，培养做事的毅力和信心。

"我一进考场，脑子就空了。"——克服怯场的弱点

很多青春期男孩，一遇到考试就紧张失眠、食欲不振，无心学习，结果本来掌握的知识又忘记了。考试焦虑如果得不到缓解，会严重影响孩子的身心健康。

几个高三的孩子在网络上吐露心声：

"高考离我们越来越近了，事先拟订的学习计划完成不了，我内心很焦急，总是担心考不好，觉得自己的肩头压着一副重担，晚上睡觉也经常做噩梦……"

"每次考试我都很紧张，有时大脑一片空白，什么题也不会做，遇到难题就更完了，其实很多难题我平时都会做，这是怎么回事呢？"

"上高三后，我的成绩一直不理想，每次考试后都很怕回家，不是怕父母责备，而是怕他们那种关爱和理解的眼神。每当这个时候，我就恨自己不争气，觉得欠父母太多太多。考试前我都特别担心考不好，因为我不想让父母失望，越是想考好就越紧张。我该怎么办呀？"

如果孩子出现考试焦虑的情况，父母一定要及时进行引导，否则后果会很严重。

方法一，引导男孩做一些积极的心理暗示。

考试怯场的孩子常常会给自己消极的心理暗示，如"考不好多丢人！""老是考不好，真对不起爸妈！""要考试了，这下可惨了！"这些消极的心理暗示会影响他们正常发挥。对此，父母要引导孩子进行积极的心理暗示，如"我能行！""我能应付这个考试。""我准备得很充分，一定能考好。""放轻松，我一定能行。"积极的心理暗示能帮助孩子树立信心，战胜考试焦虑。

2000年天津市高考文科第一名张宇曾说：

"考生应更注重考试过程，想想如何发挥最佳水平，而不要总去惦记考试结果，不要荒唐地臆造出失败的假象。某一次考试或自我评估成绩不理想时，考生千万不可认为是高考成绩的预兆，自此失去信心和拼搏的勇气；一要放下一切思想包袱，切忌迷信、盲从；二要学会主动适度地进行自我心理暗示，因为他人的赞扬或许还带有些许奉承和虚假的意味，而潜意识的自我激励肯定会事半功倍。"

方法二，引导男孩重新评价自己。

害怕考试，归根结底在于男孩不够自信。考试前，父母不妨选个时间和孩子一起聊聊他的兴趣、参加过的活动、获得的奖励等，让他换个角度评价自己，增强他的自信心，使他意识到一次考试的成绩并不能决定什么，从而减轻压力。

方法三，让男孩敞开心扉，诉说自己的压力。

父母应鼓励男孩把心中的担忧说出来，让家人一起分担。因为倾诉也是一种发泄，有利于缓解考试焦虑。

当男孩养成良好的心态，多往积极的方面想，把精力集中在自己的优点上，就能发挥出自己的最佳水平。

考试焦虑、怯场，在青春期男孩中比较常见。轻度焦虑会导致发挥失常，重度焦虑则有可能发展成心理疾病。对此，父母要及时干预，通过各种途径引导孩子宣泄压力，战胜对考试的恐惧，从容面对考试。

"我突然对学习失去兴趣了!"——正视阶段性厌学

一位家长谈起自己的儿子说:

"初中时他就读于一所普通中学,是年级里的佼佼者。初中毕业时,学校要把他作为优秀生保送进重点中学,可他为了进全市最好的高中,毅然放弃保送资格。后来,孩子凭实力考进了理想中的学校,我们都为他感到高兴。可谁能想到,上高中没多久,他的笑脸就不见了,名校高手云集,竞争十分激烈,这里的老师也不像以前学校的老师那样关注他。期中考试时,孩子有门功课的排名竟然在班里排在倒数名次。这样的落差,孩子怎么也无法接受,他不愿去学校,怕见任课老师……我们做家长的是既心疼又无奈。"

上例中的男孩其实是遭遇了阶段性厌学。青春期孩子出现厌学情况是很正常的,厌学的原因有多种,有的是因为家里不和谐,有的是因为父母期望过高、压力太大等。

面对男孩的厌学情绪,父母可以从以下几个方面进行引导:

方法一,找到男孩阶段性厌学的原因。

如果孩子一向喜欢学习，成绩也不错，突然开始厌学，肯定有直接或间接原因，比如父母吵架，考试失利，不喜欢某位老师，结交了不爱学习的朋友，沉溺于早恋、网上聊天、玩游戏等，跟不上学习进度，产生了厌学情绪……对此，父母千万不要过度紧张，要多关心孩子，加强交流沟通，了解具体原因，再对症下药。

方法二，正视阶段性厌学，不要如临大敌。

不管成绩优秀与否，都会有个阶段产生厌学情绪。对此，父母不要如临大敌，更不要就此否定孩子，指责、批评只会增加孩子的逆反情绪。孩子厌学并不是对前途未来的一个否定，而是阶段性的休整，经过调整和引导，这种状况通常能得到改善。

> 小军上初中时成绩很好，上高中后由于不适应新的学习环境，成绩出现滑坡，于是开始逃学，父母和老师想了很多办法也没用。上高二后，他和另一个不想读书的同学一起离家出走了。他们去了北京打工，由于没有文凭，两人吃了很多苦，终于明白了学习的重要性。后来，他们重拾功课，凭着原来的底子，刻苦学习，都考上了不错的大学。

这个案例说明厌学并没有想象的那么可怕，男孩经受一些挫折后对人生会有新的理解，这对他来说也是一种成长。

方法三，减轻男孩的压力，营造和谐、温馨的家庭氛围。

学习环境变化了，竞争日趋激烈，青春期男孩一旦无法达到期待的目标，便会产生厌学情绪。特别是有些男孩，有着值得骄傲的过去，一旦受挫，就在悲观失望中产生厌学情绪。对此，父母要营造和谐的家庭氛围，告诉孩子成绩滑坡只是一时的，成绩也不能决定一切，不必过于在意，从而减轻孩子的心理压力。

家长课堂

当孩子出现厌学情绪时,他的内心也是很痛苦的,极其希望得到父母的理解。父母要理解孩子,和孩子进行有效的沟通,帮助孩子战胜自我,陪伴他走过这一困难时期。

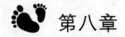

第八章

勇于担当,青春需要正能量

——给青春期男孩的价值观引导

进入青春期后,男孩自我意识萌发,开始追求独立,渴望彰显自我价值。由于心智还不成熟,又受社会不良风气的影响,他们的价值观也许会出现些许偏差,有的过度追求标新立异,有的产生"拼爹"思想,有的爱慕虚荣,有的崇尚金钱至上……父母要了解男孩的思想动向,根据实际情况对症下药,及时有效地引导男孩树立正确的价值观。

"我也想文身!"——标新立异要有度

有一天,成成和几个同学去网吧,碰到了儿时的玩伴磊磊。磊磊小学毕业后就辍学了,整天在社会上胡混。他的胳膊上文了一条张牙舞爪的龙,看起来很威风。成成和他打招呼后,同学悄悄地问成成:"那个人你认识呀?看起来很厉害哦!"

听了同学的话,成成觉得像磊磊那样才是真的"酷"!回家后,他对妈妈说想去文身,结果被妈妈批评了一顿。

追求个性是青春期孩子的心理共性。男孩步入青春期后,表现欲增强,他们甚至会把世界想象成舞台,希望吸引所有观众的目光。于是,他们绞尽脑汁让自己变得与众不同,甚至以标新立异为荣。

这种现象按照美国发展心理学家埃里克森的观点分析,在青春期孩子心中,自我分为两部分:一是自己认为的自己;一是别人眼中的自己。而后者往往显得更为重要。当社会上出现崇尚个性和创新的潮流,认可独特是一种价值时,孩子们也会认为"自己和别人不一样也是有价值的"。

父母一方面要肯定孩子追求个性的心理,另一方面要引导孩子把握好一个度,让孩子明白过分标新立异反而显得心态不成熟,是一种不健康的审美。父母要根据具体情况,进行有针对性的说服教育。

方法一,真诚沟通,消除男孩的抵触心理。

沟通要建立在平等的基础上。父母首先应肯定孩子追求个性的合理性，对孩子表示充分的理解，消除孩子的抵触心理。

小民上高一后，喜欢上了奇装异服。妈妈为此很生气，认为他这样穿很不体面，但他却振振有词地说妈妈落伍了，跟不上时代。后来，妈妈发现小民周围的好多孩子也都这样，于是不再强制他穿什么，而是委婉地提出改进建议。比如男孩子穿得简洁可以增加个人魅力，戴金属链显得没精神……慢慢地，小民接受了妈妈的意见。

其实，孩子也只是在"尝鲜"，父母不必过于着急，要耐心引导他树立正确的审美观。

方法二，支持和鼓励男孩参加学校活动，转移其注意力。

青春期男孩自我意识和好奇心增强，喜欢追求个性。在这种情况下，父母要支持他参加集体活动，在活动中体现自我价值。环境对成长期的孩子影响非常大，当孩子很自然地融入到集体生活中，受到团队积极向上的影响，就会给自我意识找到一个释放的出口。

方法三，父母在着装方面给孩子做好表率。

在穿着上，父母要做出榜样，培养和提高孩子的审美能力，知道年龄、身份与穿着之间的关系。鼓励孩子在追求服饰美的同时，加强内在修养，追求外表美与心灵美的统一。

另外，父母也要更新观念，与时俱进。不要用老眼光看待孩子，把孩子喜欢的时尚定义为标新立异。

孩子追求个性在一定意义上也说明自我意识的增强，父母要真诚、平等地与孩子交流，在尊重孩子的基础上引导孩子，让孩子学会分辨美丑，大方得体地展示出青春的朝气。

"偷东西怎么了？"——勿以恶小而为之

亮亮从小就受父母和爷爷奶奶的娇惯，衣来伸手、饭来张口，花钱如流水。有时当要钱得不到满足时，他还会偷偷地拿父母的钱，甚至把爷爷奶奶的退休卡拿走私自取钱。长大后，他这个毛病依然没有改。

有一天，亮亮回到家就把自己锁在房间里。爸爸觉得很奇怪，就偷偷地观察他，发现他凭空多了一部手机。爸爸追问他是从哪里得来的手机，他说是同学借给他的。可是，一个多月过去了，那部手机仍然在亮亮手里。很显然，这又是他偷偷拿同学的。对于亮亮的这种行为，爸爸妈妈想尽了各种办法，但都无济于事。

对于青春期孩子偷东西的行为，有的家长会觉得孩子还小，不必小题大做。然而，看似微小的错误，如不及时制止，很容易酿成大祸。所以，一旦发现孩子有偷窃的行为，父母一定要及时进行教育。

值得注意的是，不能一味地打骂，否则会伤害男孩的自尊心，损害亲子之间的信任，导致男孩的逆反心理越发严重。

心理学研究发现，孩子出现偷窃行为主要由以下几种心理因素造成：强烈的占有欲、异乎成人的冒险心理、虚荣心强等。根据孩子这些心理，父母可以采取以下方法引导其改正偷窃行为：

方法一，让男孩意识到偷窃是可耻的。

几年前，奇奇的父母离异了，他和妈妈一起生活。在妈妈眼里奇奇是个乖巧、懂事的好孩子。然而，最近妈妈无意中发现奇奇在翻自己的钱包，想偷偷拿钱，于是当场喝止了他。奇奇向妈妈承认了错误，并保证以后不会再犯了。

但没过几天，妈妈发现自己放在抽屉里的200元钱不见了。妈妈问奇奇是不是他拿的，开始奇奇还狡辩没有拿。后来在妈妈的严厉逼问下，他终于承认了。

妈妈感到很头疼，奇奇不仅偷钱，还开始撒谎了。

发现孩子有偷窃的行为时，不要急于责骂，而应当先平复情绪，然后与孩子深入交谈。了解了孩子的动机后，和孩子一同分析两个问题：这么做究竟对不对？想要花钱时应当怎么做？

父母要让孩子明白，偷窃不仅可耻，还违法，如果不及时改正，很容易酿成大错。同时告诉孩子，想要买什么，可以和家长商量，只要是合理的要求，家长一定会尽量满足他。

方法二，鼓励男孩改正错误。

君君是一名初二的学生，一天，小区便利店的老板突然怒气冲冲地找到君君的妈妈说："你应该好好管管你儿子了！他刚才又偷偷从后门摸到我们店里偷东西，这已经不是第一次了。这样下去长大了该怎么办？"

听了便利店老板的话，妈妈怒不可遏，当着老板的面劈头盖脸地大骂了君君一顿，晚饭也没有让他吃。君君对便利店老板怀恨在心，晚上居然偷偷地跑出去，把便利店的玻璃砸碎，随后离家出走了。

偷窃行为发生后，父母不要当着外人的面责骂孩子，否则会激起孩子的逆反心理，伤害孩子的自尊心，使其灰心丧气，并一错再错，酿成严重的后果。

正确的做法是：尊重孩子的人格，给予他改正错误的机会，鼓励他正视错误，勇于承认并改正错误。

方法三，培养男孩的自制力。

在日常生活中，父母要注意培养孩子控制冲动的能力。比如，孩子不乱碰商场里的东西，应给予赞扬和鼓励；借别人的东西，一定要按时归还，等等。父母也要做好表率，不贪图小利，自己有过失时要及时弥补或道歉，这对孩子形成正确的道德观是十分重要的。

发现孩子有偷窃行为时，父母切忌使用"做贼""撒谎""骗子"之类的激烈语言指责孩子行为不端。应在尊重和理解的基础上，给予孩子改正错误的机会。

"我对异性不感兴趣。"——异性疏远期是同性友谊发展关键期

小浩和小帆是初二的男生,二人关系特别好。有一次约好放学后一起去阅览室读书。最后一节课上,小浩被老师叫去帮忙整理一些资料,一直忙到下课后半个小时才完工,小浩以为小帆先走了。

小浩回到教室时,发现小帆还在等自己。小浩有点过意不去地说:"你还在等我啊?对不起了,我忘记告诉你,你可以先走的。"小帆说:"咱俩约好的,我当然要等你。"小浩说:"现在去阅览室,也看不了多长时间的书,就要闭馆了。"小帆说:"我知道啊,那我也得等你啊!咱俩还可以一起回家!"听了这话,小浩很感动地说:"够朋友!"

步入青春期的男孩,会有这么一个阶段:当异性过来套近乎或者来交流时,他们会自然地躲避,甚至产生厌恶情绪。他们更喜欢跟同性在一起学习、活动。这样的状态持续一段时间后,青春期孩子对异性的态度才会发生转变。

这种状况跟青春期生理发育有关,男孩曾经清脆的童音被"公鸭嗓"取代,身上开始有异味、长胡须,为了减少尴尬,他们试图把自己隐藏起来。当青春期孩子还没有搞明白或者不能坦然面对生理上的变化时,会和

同性一起探讨生理上的问题，对异性比较疏远。疏远异性是由性生理变化而筑起的心理防线，内心存有对异性的向往和注意，是对自身性敏感的自然反应。这样一个由生理变化而带来的特别的心理特征，恰恰是成长必需的心理状态。青春期孩子疏远了异性，就更加心无旁骛地发展同性友谊。

青春期孩子的父母，一定要了解孩子成长过程中会有这么一个阶段——异性疏远期，才能给青春期行为一个准确的解释，帮助孩子顺利度过这个阶段。

那么，当青春期孩子处于异性疏远期时，父母应该做些什么呢？

方法一，搞清"异性疏远期"发生时间。

一般来说，异性疏远期发生在青春期开始的时间，持续时间也就一两年。关键在于了解孩子什么时候开始进入青春期。

大部分孩子到了 10～12 岁，都进入了青春期。但是，不同的孩子进入青春期的时间会有差异。所以，当青春期孩子发现异性疏远自己时，不要郁闷，因为不是自己讨人厌，而是他们的异性疏远期到了，他们喜欢跟同性朋友一起玩。

方法二，引导孩子注重和同性伙伴建立友谊。

从社会化发展来看，青春期孩子通过与同伴交往获得友谊，增强内心的安全感和归属感来适应外部环境。青春期孩子很个性，总希望表现得与众不同，这也给他们带来了一些交往的不利因素，所以，青春期孩子需要懂得一些交友基本法则，以免在交往中碰壁。

方法三，告诫孩子同性交往有界限。

无论再好的友谊关系，个体在其中的存在形式也是有独立思想的个人，一旦超出界限，就会失去自我，不利于个人健康成长。

真正的挚友可能不会"呼之即来招之即去"、每天和你在一起吃吃喝喝、玩玩闹闹，也不会"你说什么就是什么"，但却能在朋友最需要的时刻出现。

 **家长课堂**

当青春期男孩经历异性疏远期时,情绪往往会产生很大波动。父母要正确看待这个特殊阶段,不要盲目下结论,平时可以多带孩子参加集体活动,看一些相关的科教节目,帮助他顺利度过异性疏远期。

"我不习惯分享。"——自私的人生是孤独的

分享，可以让孩子学会宽容、大方、热心。在分享中，孩子会明白如何关心他人；在分享中，孩子将知道如何更好地与人相处。

学会分享，是青春期男孩的必修课。父母可以参考以下几种方法进行引导：

方法一，父母应做好榜样。

一位爸爸说：

"孩子不知道如何与别人分享，我便通过直截了当的行动，让孩子有个直观的感受。家里经常会做一些小点心，每次做好之后，我们都会让孩子拿一些送给邻居。久而久之，在我们的影响下，每次有同学来了家里，孩子都会把自己的东西拿出来给同学吃或玩。有时学校组织春游，孩子还会要求我们多做一些点心，让他带去和同学们一起分享。"

父母是孩子最好的榜样。在日常生活中，如果父母能够主动关心、帮助别人，也会潜移默化地影响孩子。比如，做了好吃的东西分给邻居们尝尝、毫不吝啬地借东西给别人等，都可以为培养男孩的分享意识起到表率作用。

方法二，引导男孩与家人分享。

许多父母宁愿自己受苦,也要给孩子吃好的、用好的。有些时候,孩子邀请父母一起分享食物,父母却拒绝孩子的好意,久而久之,孩子也就没有了谦让与分享的习惯,将独占视为理所应当。因此,对大部分父母来说,最重要的首先是教孩子学会与家人分享。

方法三,引导男孩与他人分享。

有一次,爸爸妈妈带小南去奶奶家,奶奶家里有个小他几岁的妹妹。两人玩得很开心,突然妹妹哭了起来,小南怎么哄都哄不好。无奈之下,小南只好去求助爸爸,爸爸让小南拿东西哄哄妹妹。小南就把自己的玩具卡车给她玩,可她还是哭个不停。爸爸又让小南把他最爱吃的点心给妹妹。可点心只剩下一块了,他纠结了半天,还是忍痛割爱给了妹妹。妹妹终于开心地笑了,小南又可以开心地跟她玩耍了。通过这件事,小南也明白了分享能够让彼此开心,他以后一定要学会分享。

分享是一个你来我往的过程,我们给予他人,也会收到相应的回报。通过分享,还能维持和他人的友谊,与他人和谐相处。

许多孩子不愿意跟别人分享自己的东西,但却希望可以分享别人的东西。父母要充分了解孩子的心理特征,通过引导让孩子站在他人的角度思考问题,从而学会分享。

家长课堂

分享是人生中很重要的一门课程。它不仅可以教会孩子公平和感恩,还能教会孩子生活中两个非常重要的技能,那就是与人协商,以及如何处理失望情绪。

"我该如何面对失败?"——挫折是成功的必经之路

一个年仅 14 岁的男孩,因为上课与老师发生冲突,老师指责了他几句,他就自杀了。

一个男博士自杀了,只是因为求职屡屡受挫。

一个女博士,仅仅因为被男朋友甩了,便选择自杀。她在遗书中写道:"我一个博士生,连初中学历的男朋友都不要我了,谁还会要我?"

一个大学生,因为不喜欢自己读的专业,自杀了。

诸如此类的新闻不禁让我们惊呼:我们的孩子怎么了?为什么没有半点抗挫折的能力?

其实,每个孩子在成长中都会产生挫折感,只是程度不同、结果不同罢了,如学业失败、师生关系紧张、同学关系恶化、个人形象受损等。父母不能代替孩子承担,而应教会孩子正确应对挫折。

2003 年,乌鲁木齐一个贫寒的家庭同时收到了三个子女的博士录取通知书。这个家庭的母亲是文盲,父亲是一位普通工人,只有小学文化。这位父亲在知识上无法辅导孩子,但他却在人格上不断引导孩子。他常给孩子这样的鼓励:"在上坡时,车子不能熄火,再困难也得咬着牙往前开。""金钱用完了就没了,但快乐发自内心，取之不尽，用之不竭。乐观是一个人身上的动力。"

三个孩子从小就养成了乐观的品性。后来他们相继考上了硕士研究生，毕业后再考博士。最终他们都成功了。

贫困家庭的孩子，早早就经受各种磨炼，长大后更能自立自强，父母无法给他们提供知识、物质上的支持，但可以给予他们精神上的支持。

从上例可以看出，父母如果能沉着、冷静、乐观、豁达地对待困难和挫折，会对孩子产生积极的影响。因此，父母要保持积极乐观的心态，引导孩子正确面对挫折。

方法一，丰富男孩的生活经验，提升其自理能力。

有些家长总是担心孩子受挫折，什么都想为他安排好，但是当孩子独自遇到棘手的事情，就难以应对了。只有让孩子学会承担一些事情，锻炼其独立能力，磨炼意志，才能使孩子受益终身。

比如暑假时，可以鼓励孩子参加一些夏令营活动，去荒岛、森林里进行生存锻炼，让他离开父母的庇护，自己照顾自己，应对各种突发情况。这样的活动可以帮助孩子锻炼勇敢、顽强的意志品质。

方法二，激励男孩树立正确的人生目标。

青春期男孩如果没有理想，就会失去前进的方向和动力，表现出缺乏生活、学习的兴趣和激情，遇到挫折容易一蹶不振。对此，父母要引导孩子树立远大理想。有了理想的支持，孩子才能增强抗挫折能力，勇敢地面对失败。

挫折教育对于青春期男孩十分重要，因为男孩在这个阶段非常敏感脆弱，遇到挫折容易退缩，甚至产生厌世情绪。父母一定要言传身教，培养孩子的乐观精神，让孩子从容应对挫折，在失败中吸取教训，最终走向成功。

"我的妈妈是老板。"——虚荣心是个泡沫

王燕的儿子在一所重点中学读书,这里学费很高,是很多人眼中的"贵族学校"。在这种环境里,很多孩子都产生了虚荣心。有一天,王燕的儿子放学回家,对爸爸妈妈说要开家长会,并特意嘱咐道:"妈妈,你穿得漂亮点。"王燕奇怪地问道:"为什么要穿漂亮点?"儿子回答:"妈妈穿的衣服不好,别人还以为我们是穷人呢!"王燕说:"穷人怎么了?穷人有什么不好?"儿子说:"穷人就是穿得不好,别人会看不起的。"王燕夫妇听了面面相觑,一时不知道说什么好。

男孩进入青春期后,开始爱慕虚荣,不能客观地评价自己,迫切想要证明自己,希望自己的东西比同学的更好、更高档,自己的父母比同学的父母更有钱。

而这些都不利于男孩的成长。所以,父母在日常生活中要注意调整教育方法,引导男孩养成良好的生活态度,远离虚荣心。

方法一,父母要以身作则,潜移默化地影响男孩。

孩子爱慕虚荣和父母的教育有很大关系。有些父母常常用物质来表达对孩子的爱,在溺爱孩子的同时也助长了孩子的虚荣心。要想遏制孩子的虚荣心,父母必须从自身做起,注意自己的言谈举止,给孩子树立一个好榜样。

方法二，客观评价男孩。

很多父母溺爱孩子，经常在别人面前夸大孩子的优点，而无视缺点，久而久之，孩子就会认为自己很完美，容不得别人超越自己，喜欢与别人攀比。所以，父母要客观评价孩子，对于优点给予适当的表扬，对于缺点则要及时指出并鼓励他逐渐克服。

方法三，通过实际案例让男孩了解虚荣心的危害。

一个男孩在作文中写道：

> 看完《项链》的故事后，我和爸爸讨论起来，爸爸说："如果那个女主人公没有虚荣心，按照家庭条件来穿着打扮自己，就不会丢失那条项链，而且也不会使自己白辛苦10年。"
>
> 我说："就算是这样，只要那个女主人公诚实地告诉朋友，也一样不至于使自己付出巨大的代价。所以，我们做事要量体裁衣，不要像女主人公那样虚荣，最终使自己付出惨痛的代价。有时候，我们在学习上也会出现类似的情况。有些人出于虚荣心，不想让别人超过自己，考试时采取作弊的手段，这种做法很不可取。我们要的是努力学习，用扎实的知识去换取真正的成绩。"
>
> "在学习上是这样，生活中也是一样。"爸爸说，"有些人因为虚荣心太强，看不得别人有的东西而自己没有，于是就想尽一切办法把这些东西弄到手，这种行为会失去别人对自己的信任，多不值得！可见虚荣心多可怕呀！"

男孩通过读《项链》这个故事，对虚荣心有了一定的认识，加上父亲的引导，深刻意识到了虚荣的危害。

当孩子虚荣心过强时，空口说教或者以命令的方式禁止是无法从根本上解决问题的。父母应在平时多留心，仔细观察男孩的言谈举止，敏锐捕捉其心理动态，迂回地提问并不失时机地表达自己的想法，让他深刻认识到爱慕虚荣的危害，并接受指导。

消除孩子过强的虚荣心不是一朝一夕的事情，父母只有在生活中给孩子做出正确的示范，并且通过恰当的机会让他感受到虚荣心的危害，循序渐进，才能从根本上纠正孩子爱慕虚荣的错误心态。

"我在为谁努力？"——人生是自己的

人生只有一次，自己的人生自己负责，但是很多孩子还无法理解这个道理，因为报文、理科是父母说了算，报兴趣班也是父母做主，他们已经不知道自己是在为谁努力了。长期如此，孩子将没有远大理想，没有学习动力，只是跟着父母的指挥棒，浑浑噩噩，得过且过。有的男孩尽管有独立的意识，但是迫于父母的管制，没有选择的机会，便与父母对着干，导致亲子关系十分紧张……

面对这种情况，父母应该怎么做呢？

方法一，充分尊重男孩的选择，不要将自己的意志强加给孩子。

李强是北京一所重点高中的学生，很聪明，特别喜欢画画。但是自从上高中后，父母就不让他往美术这个方向发展，他为此情绪十分低落，学习成绩也一落千丈。高考填报志愿的时候，他根本就不知道父母给自己报的是什么志愿。老师问他，他说："反正不是我自己想考的，他们愿意怎么报就怎么报吧。我就想到外地去，离他们远远的。"班主任批评他，他却说："反正我一直是给我父母念书呢。"

从上例可以看出，由于父母不尊重青春期男孩的兴趣，完全代替他做决定，最终激起了孩子的逆反心理。所以，父母不能将自己的意志强加给孩子，要让孩子自己树立目标并为之努力。

方法二，培养男孩的责任心。

对自己人生的责任心是其他一切责任心的根源，一个人唯有对自己的人生负责，建立真正属于自己的人生目标和生活信念，才有可能自觉地选择和承担起社会责任。父母必须从小事开始培养男孩的责任心，让孩子独立完成自己的事情，在做事的过程中主动克服困难，主动承担责任，从中体会到承担责任的成就感。

对自己人生负责是成长的标志之一。当青春期男孩不知道自己为谁而努力，对人生没有明确的定位时，父母要从自己身上找原因，多给孩子一些自由，给孩子创造锻炼的机会，教会孩子为自己的行为负责、为自己的人生负责。

"我的理想是……"——有梦想的人生才完整

"你的理想是什么?"这个问题永不过时。理想是一个人心中的明灯,只有在理想的感召下,青少年才会努力拼搏,不断攀登新的高峰。

但在现实中,有些青春期男孩或陷入题海中,或沉溺于网络游戏,每天浑浑噩噩,心中失去了理想和信念。长此以往,孩子便会感到空虚、无聊,做什么都提不起兴趣。

> 刘应是学校的尖子生,在紧张的考前复习中,他起早贪黑,争分夺秒,经常学习到深夜两点。从初一到初二,他的考试成绩几乎都在年级前10名,但考试结束后发布成绩的时候,他总是若有所失。他说:"我就喜欢考试,争名次对我来说才有动力。如果没有考试,我觉得学习毫无意义。"

生活中这样的男孩不在少数,由于缺乏信念和理想,没有长远目标,他们只能为了名次而努力。当名次达到了自己的预期目标时,反倒不知道接下来要做什么了。

理想对于青春期男孩非常重要。当男孩对未来感到迷惘,没有理想和信念时,父母可以这样做:

方法一,给男孩以积极的引导。

有些家长习惯发表一些消极的观点,如"学习是为了挣更多的钱""理想不能当饭吃,还是实际点好",殊不知这些观点潜移默化地影响了孩子的心灵,泯灭了他们美好的梦想,使他们变得懦弱卑怯。因此,父母一定要警惕自己的消极言论对男孩产生不良影响。

方法二，帮助男孩确立切合实际的理想。

父母要根据自己的人生经验，给予孩子正确的引导，帮助他确立切合实际的理想。理想要与孩子的爱好、擅长的领域、实际情况相符。比如，有的男生迷恋香港某歌星，于是树立了当歌星的梦想，但他自己五音不全，外形条件也不是太好，那么这样的梦想就是不切实际的。父母应该帮助他分析自己的优劣势，让他明白只有先打好文化基础才能实现梦想。

方法三，引导男孩用实际行动实现梦想。

当男孩确立梦想后，父母要鼓励他用实际行动接近梦想。比如想当工程师，应让孩子加强数学、物理的学习；想成为一名作家，就多读书多写作。另外还可以让孩子参加社会活动，增长他的见识，发现人生的意义与价值。

一个男孩想成为汽车设计师，放暑假时，父母把他送去工厂，让他利用假期义务打工，接触现实社会。在工厂里，他接触了很多淳朴的工友，并用自己的知识帮他们解决了一些问题。丰富的实践生活滋养了他的心灵，给了他生动的生活感受。暑假结束后，他更加自信了，也坚定了自己的目标，学习更加努力了。

对于青春期男孩来说，通往理想的道路是遥远的，但理想的起点就在他们眼前的学习与生活中。当男孩确立积极向上的目标后，就会慢慢改掉坏习惯，为实现自己的理想而努力。当然，青春期男孩的意志力不太坚定，可能确立的梦想坚持不了多久，遇到这种情况，父母不用着急，要给孩子机会修正自己的理想，不断在现实中得到启示。

家长课堂

引导青春期男孩树立自己的理想，是使其快乐生活、努力学习、健康发展的重要途径。父母要重视孩子的理想教育，引导他确立切合实际的理想，并给他提供实践的机会，为他未来的发展奠定基础。

"钱是万能的吗?"——树立孩子一生的金钱观

人们常说:"金钱不是万能的,但没有钱却万万不能。"基于生存的需要,追求金钱本无可厚非,但在当今社会,拜金主义这种不良风气,使得正处于成长期的青少年也不可避免地受到了影响。

如果青少年没有树立正确的金钱观,思想便会被拜金主义所扭曲,不思进取,追求物质享受,虚荣心、攀比心过重,有的甚至为了金钱走上犯罪的道路。对此,父母应尽早引导男孩树立正确的金钱观,以下方法可供参考:

方法一,让男孩意识到金钱不是万能的。

父母不妨给男孩举一些生活中的例子,比如,金钱可以买到药物,但买不到健康的身体;金钱可以买到书籍,但买不到知识;金钱可以买到礼物,但买不到真正的友谊……。

方法二,告诉男孩"君子爱财,取之有道"。

男孩若不懂获取金钱的正确方法,就很容易步入歧途。父母要让孩子知道,金钱是靠辛勤的劳动获得的,没有人可以不劳而获。

玛丽生活在一个小型农场,和丈夫、4个孩子一起分担农场的各种工作,包括饲养动物、挤奶以及记账等。农场赚到钱后,利润就在家人之间进行分配,连最小的孩子也能拿到一部分利润。孩子得到的钱可以自由支配,用于支付自己的各种开销,如买文具、玩具、书籍等。父母负担所有的生活必需品和家庭开销等。孩子的零花钱也会随着农场的盈亏状况而有所增减，当农场的利润下降时，孩子得到的零花钱也会相应减少。

玛丽的做法给孩子上了一节很好的金钱课，孩子从中明白金钱是靠自己辛勤劳动得来的，每个人都是家庭的贡献者，共享劳动成果，共同承担风险。

方法三，教会男孩合理用钱。

很多孩子不懂得怎么花钱，有了零花钱就没有计划地乱花。

一位妈妈就讲述了自己的担忧：

"有一次回老家过年，儿子得了一些压岁钱，坚决要求这些钱由他自己支配。我们同意了，但要求他将钱存进银行并合理支配。但是儿子一看有了钱，竟然想买什么就买什么，买了大量的电影海报、卡通书，还有零食、CD等，有些买回来又不喜欢，就丢在一边，结果全浪费了。他这样的花钱方式太让我们担忧了，担心他以后根本不懂理财，生活会一团糟。"

很多家长不重视培养孩子的理财观念，认为那是孩子长大以后的事情。其实，对青春期男孩来说，理财教育是很有必要的。让孩子从小学会理财，有助于孩子树立正确的金钱观，也有利于孩子的成长。

家长课堂

在日常生活中，父母要言传身教，教会孩子合理获得并运用金钱，树立正确的消费观和金钱观。

"我怎么做是正确的?"——是非观是约束行为的尺子

是非观决定了一个人做人的原则,是把握人生方向、抉择人生道路的指南。而青春期是孩子形成是非观的关键时期。

步入青春期的男孩渴望了解社会,渴望独立,却又缺少人生经验和辨别是非的能力。他们这些不稳定的个性与模糊的观念,需要父母和学校共同来引导和教育。

方法一,及时教育,不能溺爱男孩。

男孩犯了错误,父母必须及时指出,进行批评教育,不能不了了之。

一位家长在研讨会上讲了这样一件事情:

>"我女儿班上有个男孩,家里很溺爱他。有一次,我去学校找女儿,看到那个男孩一下子冲过来把我女儿撞倒了。之后他不仅不道歉,反而冲我女儿做鬼脸。我看到男孩跑向一个穿戴时髦的女人,是那个男孩的母亲。他母亲明明看到我女儿被撞倒,却没有任何反应,这种情况真的很令人气愤。但是女儿说这个男生就是这样,大家都习惯了。不久,我们便听说这个男孩又把一个同学弄骨折了。这个悲剧的发生,与他母亲的错误教育脱不了关系。"

方法二,真诚交流,告诉男孩是非曲直。

青春期男孩难免会有一点叛逆，当他犯错后，父母若直截了当地指出他的错误，他会觉得很没面子，内心很难接受。所以，父母不要急于当面否定男孩，而要让他看到自己的行为所带来的后果，从中吸取教训。

一天，小江班上一个同学为了表达自己独到的看法，在课堂上和老师顶撞起来。小江回到家后，向妈妈表达了自己对那位同学的"崇拜"，并说自己也希望成为那样有主见的人。妈妈对小江说："其实你很有主见，而且你能从同学的缺点中看到同学的优点。但是，今天那位同学顶撞老师的做法是错误的。有自己的主见或个性非常好，但不要因此失掉礼貌。追求自我价值的实现并不需要事事标新立异，那样就会与良好的出发点背道而驰，而且标新立异也要有礼貌。你一定要明辨是非，知道什么事情该做，什么事情不该做。"小江听了妈妈的话，说："那您是希望我学习同学有主见的优点，摒弃他没礼貌的缺点吗？"妈妈说："当然啦！"

父母进行是非观教育，必须针对青春期男孩的心理特点，结合具体的事例让他分辨怎样做是正确的。

家长课堂

家庭是一个人成长的摇篮。父母要对孩子不稳定的个性与模糊的观念进行及时、正确的引导和教育，避免他被不良的事物所诱导。对此，父母要从关心、关爱孩子的点滴开始，从小培养孩子良好的性格，引导孩子树立正确的人生观和是非观。

"我落选班长了。"——理智地看待得失

　　小山从小就品学兼优,一直担任班长之职。进入初中后,优秀的同学更多了,在一次班长竞选中,小山落选了,原因是同学们认为小山工作能力不强。回到家后,小山向妈妈说了事情的原委,表现得非常沮丧。这次打击对小山来说太大了,他说他再也不想上学了。无论妈妈怎么劝说,他就是不听,把自己关在房间里。

很多青春期孩子都很敏感、容易计较得失,特别是男孩,比较爱面子,遇到不顺的事情,往往无法以平和的心态去面对得失。

对此,父母要帮助孩子战胜自己,及时疏导孩子遭受挫折后的不良情绪,正确面对得失。

方法一,正确看待男孩的得失。

父母首先要反省自己看待得失的态度。有的家长在鼓励孩子争取荣誉时,只看结果,不注重其努力的过程。比如,孩子没有被选中参加某竞赛,父母自己就难以做到冷静对待,可能会指责孩子"为什么没考好"等。

只有父母有了正确的得失观念,才能真正帮助孩子疏导、调节沮丧的情绪,从挫折中重新站起来。

方法二,与男孩分享自己对得失的看法。

父母可以把自己在工作和生活中遇到的挫折和不如意的经历告诉孩子，为孩子正确对待得失树立榜样。比如，父母可以跟孩子分享自己年少时的挫折和失败："我上初中时因为没有被选中参加数学竞赛，难受了好几天，但是我发愤努力，在期末考试中，我考得最好。""我第一次高考失利了，当时很沮丧，但是沮丧也没用，我决定复读一年，最后考上了自己梦想中的大学。"这些真实的经历可以让孩子明白，人会经历各种各样的挫折，只有学会理智地看待得失，从中吸取经验教训，才能一步步地接近成功。

方法三，仔细倾听，给予男孩安慰和鼓励。

当男孩因为挫折而闷闷不乐时，父母不妨先接受他的情绪，然后再去安慰他。在安慰孩子之前，父母最好先倾听孩子说完话，了解孩子对得失的感受，再进行针对性的疏导，帮助孩子重新肯定自己、建立自信。

家长课堂

成功和失败都是人生的必要经历，失败更可以增强孩子承受挫折的能力。父母若能善加引导，不但可以帮助孩子正确看待得失，还能帮助孩子调节情绪，从挫折中重新站起来。

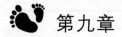

第九章
坚守信念，放飞青春的梦想
——给青春期男孩的人生观引导

一个受欢迎的青春期男孩通常具备懂得感恩、助人为乐、敢作敢当、豁达、真诚、乐观等优秀品质，这些优秀品质能塑造成功、幸福的人生。那么，这些品质来自哪里呢？就来自于日常生活的点点滴滴。父母要从日常生活中发掘教育资源，引导男孩养成良好的习惯，树立正确的人生观，为日后的成功奠定基础。

"我的一切是谁给的?"——用感恩的心看世界

在一个家庭教育论坛上,不时有家长抱怨说:

"一个周末,我削水果割伤了手,儿子着急去打球,也不问问我伤得重不重,就漠不关心地走了。"

"开家长会的时候,他爸爸因为路上出了点小事故迟到了,使他受到了老师的批评,结果他就一周不理爸爸,根本不问爸爸出了什么事故,有没有受伤。真是令人心寒!"

"儿子13岁了,从小到大,亲朋好友不知给了他多少无私的爱,可孩子很少对别人说感谢的话,更不用说主动做点什么以示谢意了。"

可怜天下父母心,每一位家长都希望自己的孩子彬彬有礼,善解人意,孝顺父母,怀有一颗感恩的心。但是事与愿违,很多青春期孩子往往以自我为中心,认为别人为自己所做的都是理所当然的,对他人漠不关心。

孩子缺乏感恩情怀,作为父母难辞其咎。比如孩子小的时候,父母一味地为孩子默默付出,不求回报;事事以孩子为中心,没有给孩子锻炼的机会。

青春期是男孩形成人生观、价值观的关键时期,当男孩懂得了"我的一切是谁给的"以后,就会慢慢懂得感恩,学会尊重他人,愿意用实际行动报答父母、报答社会。

那么，父母应该怎么引导青春期男孩学会感恩呢？

方法一，爱他就要让他知道。

有一位父亲在北京某大学东门拉小提琴，给读大学的儿子筹集学费。父亲在街头卖艺3年，但19岁的儿子却毫不知情。当记者问他为什么不告诉自己的儿子时，这位父亲给出的答案是不想让儿子分心，耽误学习。

这位父亲"默默的爱"十分可贵，但爱要让孩子知道，才能唤起他的爱心，触发他发自内心的感恩情怀。

所以，不管父母还是其他人为孩子做了什么，都要及时让他知道，引导他用实际行动感谢帮助自己、关爱自己的人。

方法二，引导男孩从小事做起。

让男孩懂得对他人的付出表示谢意，是礼貌和道德的真实体现。青春期男孩个性较强，往往不乐意接受父母的说教，或者不好意思向成年人表示感谢。对此，父母应引导男孩换位思考，多用实际行动影响男孩。

一位男孩的母亲分享了自己的经验：

"有一次，朋友给儿子买了一顶帽子，儿子当着朋友的面抱怨帽子小，一脸不高兴，更别提表示感谢之意了，弄得朋友一脸尴尬。朋友走后，我问儿子：'上周你同学生日，你送了一件礼物给他，他喜欢吗？''喜欢啊，他很高兴。''假如他一脸的不高兴，你心里会怎样想？对方高高兴兴地接受，并大大方方地感谢你，你当时是不是很高兴？'儿子沉默了，还主动打电话给送礼物的阿姨表示歉意和感谢。后来，儿子渐渐学会了换位思考，即使我不提醒他，他也能意识到别人的帮助而主动说出感谢的话。"

方法三，适时示弱，让男孩做一些力所能及的事情。

青春期男孩的身体、心理还不够成熟，但却向往成为一个有担当的男子汉，父母可以利用这一点适时示弱，向他寻求帮助，让他吃一些苦，从而体会到父母对自己的付出。

要学会感恩，首先要学会知恩，理解父母的养育之恩、师长的教诲之恩、朋友的帮助之恩。当男孩懂得感谢他人时，第一反应常常是今后自己也应该这样做，这就给了他一种行为上的暗示，使他致力于成长为一个有责任心、尊重他人的人。

要想让青春期男孩建立正确的人生观，就要让他知恩、感恩。在这个成长关键期，父母要掌握正确的教育方法，避免空洞的说教，学会以身作则，一步步引导男孩感恩他人，并把这种感恩转化为正能量。

"我帮助了他。"——奉献永远比索取快乐

"赠人玫瑰,手有余香。"帮助别人是一种正能量的传递,对促进社会的和谐发展很有意义。

一个风雪交加的夜晚,一个名叫克雷斯的年轻人因为汽车抛锚被困在了郊外。正当他焦急万分的时候,一位骑马的男子正巧经过这里,二话没说便用马帮助他把汽车拉到小镇上。克雷斯拿出钱表示酬谢,这位男子却说:"这不需要回报,但我要你给我一个承诺:当别人有困难的时候,你也要尽力帮助他。"自此以后,克雷斯主动帮助了许许多多的人,并且每次都转述那句话给得到他帮助的人。

许多年后的一天,克雷斯被洪水困在了一个孤岛上,一个勇敢的少年冒险救了他。当他感谢少年的时候,少年竟然也说出了那句克雷斯曾说过无数次的话:"这不需要回报,但我要你给我一个承诺……"克雷斯胸中顿时涌起一股暖流:"原来,我穿起的这根关于爱的链条,周转了无数的人,最后还给了我。我一生做的这些好事,竟然全都是为我自己做的!"

现代家庭独生子女很多,很多孩子习惯了接受帮助,却不懂得帮助别人。若不及时引导,他们很容易变得自私、冷漠,凡事以自我为中心,缺

乏帮助别人的热心，严重影响性格的发展。

那么，父母应该怎样引导孩子学会为他人付出呢？

方法一，父母自己要做出榜样。

热心助人的父母往往会有一个热心助人的孩子，所以，父母要时刻以身作则，用自己的行动影响和感染孩子。比如，为贫困地区的孩子捐助学习用具、参加志愿者活动、帮助邻居照顾小孩，等等。这些事情可以尽量安排男孩一起参加。

方法二，给男孩布置帮助别人的任务。

父母可以特意给孩子安排一些任务，比如为邻居或者同学做点有益的事情，帮忙照料宠物，做饭，教弟弟妹妹们做游戏……这些都可以培养孩子乐于助人的品质。男孩刚开始也许会害羞，不主动，这时父母要鼓励他、督促他，但要注意把握好度，否则很可能适得其反。

方法三，对男孩帮助他人的行为表示赞许。

当孩子完成志愿服务工作或是帮助别人之后，父母要主动和孩子交流感受，并对孩子出色的表现给予肯定和表扬。

方法四，鼓励男孩把帮助别人的事情记录下来。

记录的内容可以包括时间、地点、具体事情、感想和体会等。假如父母也一起参加了志愿服务活动，可以用相机帮助孩子记录下来，并把照片汇集成册，以后回顾这一切的时候，孩子会觉得自己做的非常有意义。

要培养青春期男孩乐于助人的意识，父母应为孩子提供接触社会、关心和帮助他人的机会，鼓励孩子帮助他人，并从中获得快乐，养成良好的品质习惯。

"他是我的死对头!"——对手让我们更强大

很多时候,我们把对手当作敌人。其实,对手虽然曾经击碎我们无比绚丽的美梦,但也给予了我们莫大的鞭策和不懈的动力。

青春期男孩即将步入社会,参与激烈的竞争,父母应该引导他正确对待对手,端正他的竞争态度,因为真正的对手给了他前进的动力,促使他不断进步。懂得感激对手,就能学会尊重他人,并在竞争中赢得别人的尊重。

一个青春期男孩在作文中写道:

"在初三第一次月考前,老师让我们在桌子上写下自己的对手和要考多少分的目标。之后,我便拼命地复习,并时刻关注我最大的竞争对手在做什么事。他若是在认真读书,我也加快步伐紧跟他;他若是心不在焉,我便更加努力,抓紧时间。记得有一次,体育课上要测试800米长跑,看着他那副胸有成竹的样子,我心里不由得紧张起来,哨子一响,我便拼命往前冲,把一切都抛到了九霄云外。我紧紧地跟着他,到了最后100米我听到老师喊还剩5秒,于是用尽全力冲向终点,超越了他。在后来的月考中,我虽然没有超越他,但也因为他进步了不少。我很感谢他,因为有他,我才有了奋斗目标,他让我变得越来越上进。

"在今后的人生中,我一定会遇到更强大的对手,但我一定会努力超越他们。感谢对手,你给了我前进的动力;感谢对手,你让我更加进步!"

从这篇作文可以看出,男孩因为懂得感谢对手,从竞争中汲取前进的力量,积极上进,使得自己不断完善、不断成长。

对手是可敬的,也是可怖的,任何成功者都是在对手的激励下走过来的。所以,父母要在家庭教育中渗透竞争教育,让男孩学会感激对手。

方法一,让男孩懂得为什么要感谢对手。

感谢对手,是因为对手能让我们更懂得珍惜,变得更勇敢。就像廉颇与蔺相如,他们珍惜彼此的才华与谋略,传为一段佳话。

方法二,引导男孩正确看待竞争。

青春期男孩一般易争强好胜,这是好事,但是有的孩子在竞争中的产生嫉妒心理,倘若缺乏正确引导,会产生一种扭曲心理:心胸狭窄,希望看到别人不如自己,并通过排挤他人来获得成功。父母应该让孩子明白,对手不是仇人,嫉妒也不是要强,要学会欣赏他人的成功,分享他人成功的快乐。另外,父母要引导和教育孩子用自己的努力和实际能力去跟别人竞争,把孩子的好胜心引向积极的方向。

 家长课堂

父母要让青春期男孩明白,对手是敌人、更是朋友,要对对手怀有感激之心,因为没有对手就没有前进的动力。当男孩懂得尊重对手、感谢对手,就会对自己有更清醒的认识,从而不断努力,去获取更大的成功。

"这不是我的责任。"——敢作敢当才是真正的男子汉

学会为自己的行为负责,是男孩情商发育中不可或缺的一环。

很多男孩做错了事,总喜欢辩解,这与父母的教育有很大关系。当孩子做错事后,父母动不动就大声训斥,会伤害孩子的自尊心,使得他不愿意也不敢承担责任,久而久之就养成了"敢做不敢当"的习惯。

对此,父母应该怎么做呢?

方法一,让男孩明白敢作敢当是一种可贵的品质。

在日常生活中,父母要向男孩传递一个信息:敢作敢当是他成长为男子汉的重要一步。

我们来看下面这位妈妈的做法:

> 晨晨和明明在小区玩足球,"砰"的一声,球正中一个小女孩,她跌倒在地上,哇哇直哭,手还不停地摸着膝盖。晨晨和明明都傻了眼。晨晨听见站在一旁的明明嘀咕道:"我们要不要跑?"晨晨坚决地说:"不行!男子汉大丈夫,做事要敢作敢当。"说完就朝那个小女孩跑去。明明见状,也跟着跑过去。晨晨背起小女孩向小区医务室奔去,明明则回家里喊自己的妈妈。医生帮小女孩清洗了伤口,并包扎好。两个男孩轮流给医生递棉花、送红药水。后来,小女孩的妈妈也来了,明明的妈妈让他俩道歉,并批评了两个男孩。等送走小女孩母女,明明妈妈对两个男孩

说:"刚才批评你们是因为你们在小区玩球,太危险了;现在我表扬你们,是因为你们做错了事但敢于承担责任,都是敢作敢当的好孩子,以后要坚持。"

从小培养男孩敢作敢当的意识,那么他长大后也会自觉承担起社会赋予的责任。

方法二,明确告诉男孩应该履行的责任。

父母平时不要事事都替男孩做,应明确告诉男孩应该负的责任。比如,孩子打碎了东西,在保证安全的前提下,让孩子自己收拾;当孩子与朋友发生冲突的时候,父母不要一味袒护自己的孩子。只有让男孩承担起本属于自己的责任,他才会有更多的勇气去尝试,即便出现错误,也会勇于承担责任。

方法三,让男孩为自己的错误买单。

当孩子犯了错,父母不要一味袒护男孩,而要让他自己承担后果,为自己的错误买单。比如,孩子损坏了别人的东西,赔偿的钱可以从他的零花钱中扣除,让他知道是自己的错误造成了这种后果,他必须自己承担。这样孩子就会慢慢地摆脱对父母的依赖,为自己做的事承担责任。

星期天下午,张军写完作业,觉得很无聊,就把纸撕成一小片一小片的往楼下扔,很快就撒了一地。他从窗前往下看,看见来了一位清洁工阿姨,用扫把、簸箕认真地扫着这些纸屑。张军感到很惭愧,对着楼下喊:"阿姨,对不起!"妈妈看到后,说:"光说对不起怎么行,你做的事情要自己承担后果。"张军想了想,拿着扫把下楼和清洁工阿姨一起扫地,不一会儿就扫完了。张军说:"对不起阿姨,给您添麻烦了。"清洁工阿姨说:"没关系,知错能改就是好孩子,切记不要高空抛物!"妈妈在窗前看到这一幕,欣慰地笑了。

家长课堂

敢作敢当是一种可贵的品质，当孩子做了错事，父母不应为他承担后果，而应帮助孩子分析错误所在和改正的方法，让孩子主动承担责任，养成敢作敢当的好习惯。

"我这么做合适吗？"——懂得自我反省才能不断进步

心理学中，自我反省的能力是人的一种内在的人格智力，是认识自我、完善自我、不断进步的前提条件。

让男孩学会自我反省，有利于他克服"自我中心"意识，也有利于人际关系的和谐，更重要的是可以增强他的社会适应能力与合作精神，同时也能帮助他学会宽容、忍耐，为别人着想。当然，由于青春期男孩的思考、分析能力还比较弱，有的事情适合自我批评，但是有的并不适合。对此，父母要把握好度，防止过犹不及，导致男孩在成长中缺乏信心和勇气。

方法一，不对男孩的错误横加指责。

男孩犯错后，很多家长的第一反应是对孩子进行严厉的批评。他们认为，批评得越严厉，越能让孩子深刻认识到自己的问题。其实，这种想法是偏激的，如果过于严厉地批评孩子，孩子不但不会反思自己的错误，还会产生逆反心理。所以，男孩犯错后，父母应以冷静的态度，从侧面引导他进行自我反省，明辨自己的过失。

方法二，明确告诉男孩他错了。

当男孩做了错事，父母不妨直接说："这次你错了，你要承担一切后果。"让孩子明白，一旦犯错，将会造成不良后果，给孩子灌输正直、善良、勇敢等正面道德情感，让孩子体验羞愧、内疚等负面道德情感，促使他不断自我反省，从而改正错误。

一位班主任在家长会上告诫父母:

"最近一直有孩子来告状,在我面前指责他的状告对象的种种不是,却丝毫没有意识到自己的错误。许多孩子都存在这种出了事就"错在人,不在己"的情况,不懂得反思自己有什么错误。所以我们要先教育孩子:不管发生什么不好的事情,都要先从自己身上找原因,不要一开口就把过错全部归咎到别人身上。我们要培养孩子自我反省、承认错误、承担责任的意识。"

方法三,引导男孩学会自我反省,给予其更多的时间。

很多时候,父母因为急于纠正孩子的错误,而没有给孩子自我反省的时间,这样一来,孩子当然养不成自我反省的习惯了。所以,孩子犯错后,父母不妨把事情放在一边做冷处理,不批评,点到为止,让孩子揣摩自己到底错在哪里,反思自己的行为。

方法四,提醒男孩反省莫过"度"。

过度的自我反省会使孩子产生自卑心理,长期下去,孩子会对自己过于苛责,无法容忍自己犯一点小错误,甚至导致心理疾病。父母应告诉孩子,自我反省是很有必要的,但反省的目的在于改过,而不在于一味自责。只自责而不改过,本身就是一种错误的做法。

家长课堂

青春期男孩是否具备自我反省的能力,决定了他能否不断取得进步。男孩犯错后,父母应引导他深刻反省自己的错误,不断修正自己的言行,积极进取,一步步地走向成功。

"我觉得我只适合听别人的。"——可以平凡但不能平庸

小磊从小就喜欢读书，书中那些统领万千兵马、驰骋沙场的将军，一直是他心目中的偶像。他常常幻想自己也能像他们那样，率领千军万马，所向披靡。也许是受到了这种心理的暗示，他每到一个新的集体，总是急切地渴望成为其中的"头领"。但现实却是，很多小伙伴并不买他的账。而且遇到问题时，他也不知道该如何解决，渐渐地，连他都开始怀疑自己只是个做小兵的料，根本没有能力去领导别人。

美国著名的体育运动心理中心主席安德逊教授认为，领导人并非与生俱来，而是后天经过磨炼和努力打拼出来的。男孩由于体内睾丸素的影响，天生具有领导的欲望，所以父母要对其进行科学开发和引导，激发他成为"领导者"的潜质。

有的人也许会认为，有些男孩天生注定是"领袖"，其他的则注定是随从。事实上，正如安德逊教授的观点，领导者并非天生的，父母的引导和鼓励对青春期男孩领导能力的培养有着很重要的作用。以下是父母可采取的几个方法：

方法一，鼓励男孩丰富自身的知识。

王博今年读初中二年级，妈妈在他很小的时候就开始培养他学习的兴趣，鼓励他学习各种知识，还经常利用节假日带他去海洋

馆、科技馆参观。渐渐地，王博养成了热爱学习的好习惯，成绩在班级里名列前茅，还是个小百科，帮助同学们解决了很多小问题。

有一次，学校要选拔一批品学兼优的学生去香港做学习交流，同学们都不约而同地把票投给了王博，后来他还被评为本次学习小组的组长。

只有肯学、会学、好学，男孩才能充分吸收学到的知识，并运用到实践中，从而更好地解决问题。这样也能使男孩独立处理问题的能力得到锻炼，增强其自信心。

方法二，给予男孩积极的肯定。

有一天，李密和同学踢足球，结果输了。他本以为在一旁观战的爸爸会嘲笑他，没想到爸爸一边给他擦汗，一边夸奖他："儿子，你带球过人的技术不错啊！跑动也很积极，如果再好好练练射门，肯定能踢得更好。"回到家后，爸爸还鼓励他做一次总结，把这次比赛中的表现记录下来，找出有待改进的地方。李密通过仔细的回顾和分析，发现自己射门时的表现不太好。后来，爸爸针对他的弱点，经常带他去练习。现在，李密不仅成了校足球队的前锋，还是小区里的"球星"。

由此可见，父母的鼓励和支持是青春期男孩的"强心剂"。遇到问题时，父母不仅要帮助男孩找到弱点，还要给予男孩更多的鼓励和帮助，让他有信心做出调整和改进，从而战胜困难。

家长课堂

青春期男孩如同一块璞玉，需要不断地打磨，才能绽放出耀眼的光芒。父母在鼓励和肯定男孩的同时，应教会男孩独立思考和解决问题。当男孩可以愈发熟练地独自面对问题时，他的信心和能力都会得到质的提升。

"谁都比不上我!"——谦虚的人可以走得更远

阳阳的成绩很好,为此他总是很骄傲,认为林林跳舞不如自己好,淘淘学习没有自己好,还认为娜娜画画没有自己好。所以,他在学校总是独来独往,同学们都觉得他太过高傲,没法和他做朋友。

希腊哲学家苏格拉底说过:"谦虚是藏于土中甜美的根,所有崇高由此发芽滋长。"骄傲会给人们前进的道路上设置许多阻碍,使前进的道路变得艰难起来。

青春期男孩因为成绩优秀,或者某些方面较为出众,经常会受到父母和师长的表扬。这就很容易让孩子产生骄傲情绪,也听不进去别人善意的批评,总是处于盲目的优越感中。面对这种情况,父母应该积极引导孩子,走出"骄傲"这种心理误区。

方法一,帮助男孩全面认识自己。

导致孩子骄傲自满的原因通常有以下几种:

一是优越的家庭条件容易滋长孩子虚荣自傲的心理。当孩子将"优越感"错位地放在物质上时,父母应该因势利导,引导孩子将优越感建立在正确的事情上,比如成绩、才华、礼貌、诚实、善良、能力、素质等上面。同时还要帮助孩子通过一些有意义的事情来获得成就感。

二是孩子的自我意识发展较差,不能客观地评价自己和评价他人。父母应让孩子懂得,取得了一定的成绩确实值得开心,但不值骄傲,这和老师、同学的帮助及家人的鼓励是分不开的,是大家共同努力的结果。

方法二,让男孩学会接受批评。

一位家长说:

"我儿子小的时候,成绩很好,小提琴拉得也好,但没有因此而骄傲自满。后来孩子大了,得到的夸赞越来越多。我发现他开始有了骄傲自满的情绪,功利心也愈发重了,而不是像开始那样,只是单纯的热爱。

"一次吃饭的时候,儿子又开始炫耀他的能力,我终于忍不住大声斥责了他。也许是很少见我这么生气,儿子默默地回了房间。我决定和他好好谈谈,于是对他说:'从前练习小提琴,是因为喜欢,那现在呢?才取得了一点成绩,有什么值得骄傲的?妈妈从小就教育你要谦虚,以前你都做得很好,现在怎么变成了这样呢?'

"儿子听了我的话,沉默了。第二天早上起来,他主动向我承认了错误。"

在成长的过程中,人人都会因为犯错而受到批评。批评对孩子来说就像一剂苦口良药,伴随着孩子健康成长。实际上,只要孩子懂得"善待"批评,那么批评完全可以和表扬一样,成为鼓励孩子前进的春风,还能起到表扬难以起到的警示作用。

家长课堂

"谦虚使人进步,骄傲使人落后。"为人谦逊可以减少很多不必要的麻烦,并收获更多的好感和尊重。父母要引导青春期男孩客观认识自己,正确衡量自己,保持谦逊的态度,从而拥有更好的人缘。

"我觉得他好可怜。"——同情心是善良的基石

同情心是人类的高尚情感，是爱的最原始的表现形式。同情心是指能在一定程度上感知和理解他人的感受并且愿意给予一定帮助的心理，这是许多良好品质的基础。然而，媒体频频曝光的青少年虐猫、虐童事件，让人触目惊心。青春期孩子缺乏同情心，到底是谁的错？

下面是一位妈妈的自述：

> "家里养了一只黄猫，平时我把它打理得干干净净，照顾得很好。但14岁的儿子特别反感。后来大黄猫生了4个幼猫，儿子更是整天嘟囔说小猫太脏了。有一天，我正在做饭，儿子兴高采烈地说：'妈妈，小猫不见了！'我奇怪地看着儿子，并顺着他的视线往楼下一看，原来4只小猫都被儿子从阳台上扔下去摔死了！看着小猫惨兮兮地躺在地上，我心疼得要命，可儿子不但对自己的残忍行为无动于衷，而且还有几分得意。难道我的教育出了问题？我的孩子为什么这么冷血无情？"

很多同情心差的孩子往往对别人的不幸和困难无动于衷，攻击弱小者，虐待小动物，行为自私、冷漠。

父母要让男孩明白同情心是一个人善良的表现。对于青春期男孩来说，同情心能帮助他适应社交生活，拓宽社交技能，更好地与人交往，并

且养成良好的行为习惯,知道关注其他人的需要和想法,并促进他获得自我认同感。

方法一,培养同情心要从小事做起。

比如,看动物节目时,给他讲保护生命、珍惜生命的重要性;遇到捐款捐物的活动,鼓励他积极主动地参加。当然,孩子偶尔一次的爱心行为并不能转化为稳定的品质,还需要在父母的指导下在现实生活中不断实践,如此才能将善良的行为变成良好的习惯和品质。

小宇和爸爸要去商店买自己心仪已久的礼物,在路上看见有人在为灾区捐款。可是小宇手里只有刚好够买礼物的50元钱,他久久地注视着那个捐款箱⋯⋯爸爸看出小宇犹豫的神情,走过去捐了100元,并说:"灾难无情人有情,我们都希望灾区人民能够早日战胜灾难。爱心就是希望,只有人人都奉献出自己的一份力量,灾区才能早日重建美好家园。"

看着捐款的人络绎不绝,小宇也不知不觉地走进捐款的队伍里,他决定不买礼物了,把50元全部塞进了捐款箱里。

行动胜过任何说教。上例中,爸爸的行为影响了儿子,儿子也通过这件小事明白了应该同情那些遭遇不幸的人,并主动伸出手帮助他们。

方法二,对男孩善良的行为给予鼓励和表扬。

实验发现,人们在做一些慈善行为时,大脑的奖励中心非常活跃。这也说明,表达自己的同情心能够让心情变好,如果这时父母再趁势表扬、鼓励孩子,就会使他愉快的体验更加强烈。在某种程度上,同情心的表达是为了获得社会认同,当男孩有了社交需求后,他便会开始学着同情他人,以此获得大家的认同。

也可以说同情心是善良的衍生体,尽管现实中的种种不如意会慢慢侵蚀善良的心,但一颗同情心仍然是最值得珍视的东西。青春期男孩有时还分辨不了哪些行为是善意的,哪些行为是自私、冷漠的,对此,父母应适时告诉男孩什么是善恶,鼓励男孩做出善举,强化孩子对同情的感悟。

　　学会表达同情心,是男孩成长过程中必需的功课。父母应重视孩子同情心的培养,引导他善待稚嫩的生命,尊老爱幼,对他人、对社会产生尊重和爱的情感,为自己的幸福人生奠定基础。

"我可以战胜困难。"——乐观的心态是宝贵的财富

2008年四川汶川大地震,高二男生薛枭被困,由于救援他的难度很大,救援人员担心他挺不过去,都十分着急。他为了安慰救援人员,和他们打赌说:"叔叔,别着急,如果我能活着出来,你们就要给我买可乐喝。"后来,救援人员终于把他救了出来,他说的第一句话就是:"叔叔,我要喝可乐,要冰冻的。"全场的救援人员都兴奋地满口答应:"好好好!"这句话使当时被悲伤乌云笼罩着的中国仿佛射入了一线阳光,灿烂了许多。

2008年6月27日,薛枭在中央文明办、教育部、共青团中央、全国妇联发起的"抗震救灾优秀少年"和"抗震救灾英雄少年"评选中,被评为"抗震救灾优秀少年"。

薛枭乐观的精神感动了很多人。是的,理想的人生应当是乐观向上、快乐幸福的。美国前总统华盛顿曾经说过:"一切和谐与平衡,健康与健美,幸福与成功,都是由乐观向上的心理产生和造成的。"那么,父母该怎样培养男孩乐观的心态呢?

方法一,做乐观的父母,给男孩传达乐观思想。

青春期男孩的个性和生活态度是在父母的影响下形成的,父母乐观处世的态度就是孩子最好的教科书。

普希金曾写过一段诗:"假如生活欺骗了你,不要忧郁,也不要愤慨!

不顺心的时候暂且容忍；相信吧，快乐的日子就会到来。"

13岁的小米要和妈妈一起旅行，刚踏上旅程时，小米有点担心，一直问："妈妈，钱带得够不够？火车晚点怎么办？晚上到达目的地，没有人接我们，我们会不会遇到坏人？"妈妈安慰他说："不用担心！我跟你一般大的时候还独自旅行过呢，一个人去上海找你外公，在火车上待了十几个小时。妈妈那时候什么也不怕，因为没有那么多坏人，还有很多好心的阿姨分给我好吃的。"小米听了妈妈的话，终于把悬着的心放下了，脸上也露出了轻松的神情。他不再担心这个担心那个，还与同车的孩子聊起了学习和篮球，并和新朋友分享自己的零食。单调而枯燥的24小时就这样轻松地过去了。下火车后，小米拉着妈妈的手问："我们什么时候再坐火车啊？"

父母要以身作则，在孩子有难处的时候，可以借用各种实例传达积极的情感。

方法二，营造和谐、宽松的家庭氛围。

研究表明，在和睦家庭中成长起来的孩子，成年后也能愉快生活、健康成长。所以，父母不论工作多么繁忙，都要尽量抽出时间来陪陪孩子，让孩子感受到父母的爱，给孩子营造一个轻松、温暖的家庭氛围，用乐观、积极的心态去影响和感染孩子。

方法三，鼓励男孩积极参加活动，扩大交际圈。

有意义的活动能让男孩乐观开朗起来。在活动中，他能体会到成功的喜悦，从中获得积极的力量，同时还能扩大交际圈，接触到不同的人和事物，开阔自己的心胸。

总的来说，乐观的心态源自生活，父母要引导男孩学会欣赏和感激生活，体验生活的馈赠，以积极的心态去迎接未来。

家长课堂

青春期男孩看待问题的角度往往并不全面，父母要教会他辩证地看待问题，多看事物积极的一面，培养乐观、向上的心态，以便更好地面对人生中的挑战和困难。